百花繚乱の

年代からいま

名建築をたと

スパニッシュ、和洋折衷な

遠藤新などの建築家、病院、

などの構造と、様々なテーマ

東西名品昭和モダン建築案内

新装版

文：北夙川不可止・黒沢永紀
写真：黒沢永紀

Kan Kan Trip Japan

建築の
1920
東西の
F.L.ライト、
時計塔、

はじめに

本書は1920年代、すなわち日本でいう大正末期から昭和初期に建設され、かつ現存する建築物を中心にまとめたものである。

なぜ20年代に焦点を当てたのか？

それは建築の百花繚乱《ひゃっかりょうらん》の時代と考えるからだ。工業化社会の発展とともに、ガラスや鉄、そしてコンクリートなど、従来建築の脇役だった部材が大量に生産できるようになり、その結果、建築物の主役となりえたことで、設計デザインの幅が格段に広がったことに由来する。

同時に、産業革命と市民革命による意識の変革と技術の飛躍的進歩、それらを下地とした大衆文化が花開く時代でもあった。従来の装飾を踏襲しながらも、劇的な新しい時代の到来に呼応するかのように、思想から芸術、そして生活まで、あらゆる文化は新しさを求めた。

もちろん、建築物もその一つで、やがて20年代の文化はモダニズムという言葉へ洗練されていき、さまざまな試行錯誤からいっさいの装飾が取り除かれ、デザインだけで成り立つ時代へと収斂されていく。そして、装飾がないことこそ進歩的とされる時代が訪れ、それが今日《こんにち》まで主流を占めてきた。だが平成に入ったころから、徐々に街には装飾が戻りつつある。

建築物を見るという行為は、そのまま時代の文化を感じることであり、ひいては時代の思潮や感覚を学ぶことだと思う。大衆文化が成熟したいま、大衆文化の萌芽である20年代の建築物を見るということは、まぎれもなくいま生きている時代を原点から見直すことにほかならない。

本書には、国内に残る20年代という時代を象徴する建物のほんの一部を収録した。建築技術的な話は極力省略し、そこに残された設計の意図や時代背景、そして地域での役割などに焦点を絞って紹介する。

　また、本書では日本の二大都市圏である東京圏と京阪神圏に焦点を当て、東西を対比して並べる構成をとった。それぞれの都市圏の個性をビジュアル面からも体感していただければと願っている。グローバル化といえば聞こえがいいが、日本全国あらゆる面で画一化、均質化が進むいま、その地方その地方の個性、文化的な相違というものの重要性をいま一度確認したいとの考えからである。

　本書が、建物を見ながらの街歩きの一助になれば幸いである。

　最後に、社団法人・現代風俗研究会の先輩として多大なるお世話になっている井上章一先生（国際日本文化研究センター教授）には、このたびもお忙しいなか多岐にわたるご助言をいただいた。深く感謝の念を捧げたい。

北夙川不可止・黒沢永紀

注：本書掲載の物件を見学する際は、私有地には入らない、撮影禁止場所では撮影しないなどのルールを守ること

CONTENTS

PART 4
外観リノベーションで見る

昭和モダン建築MAP

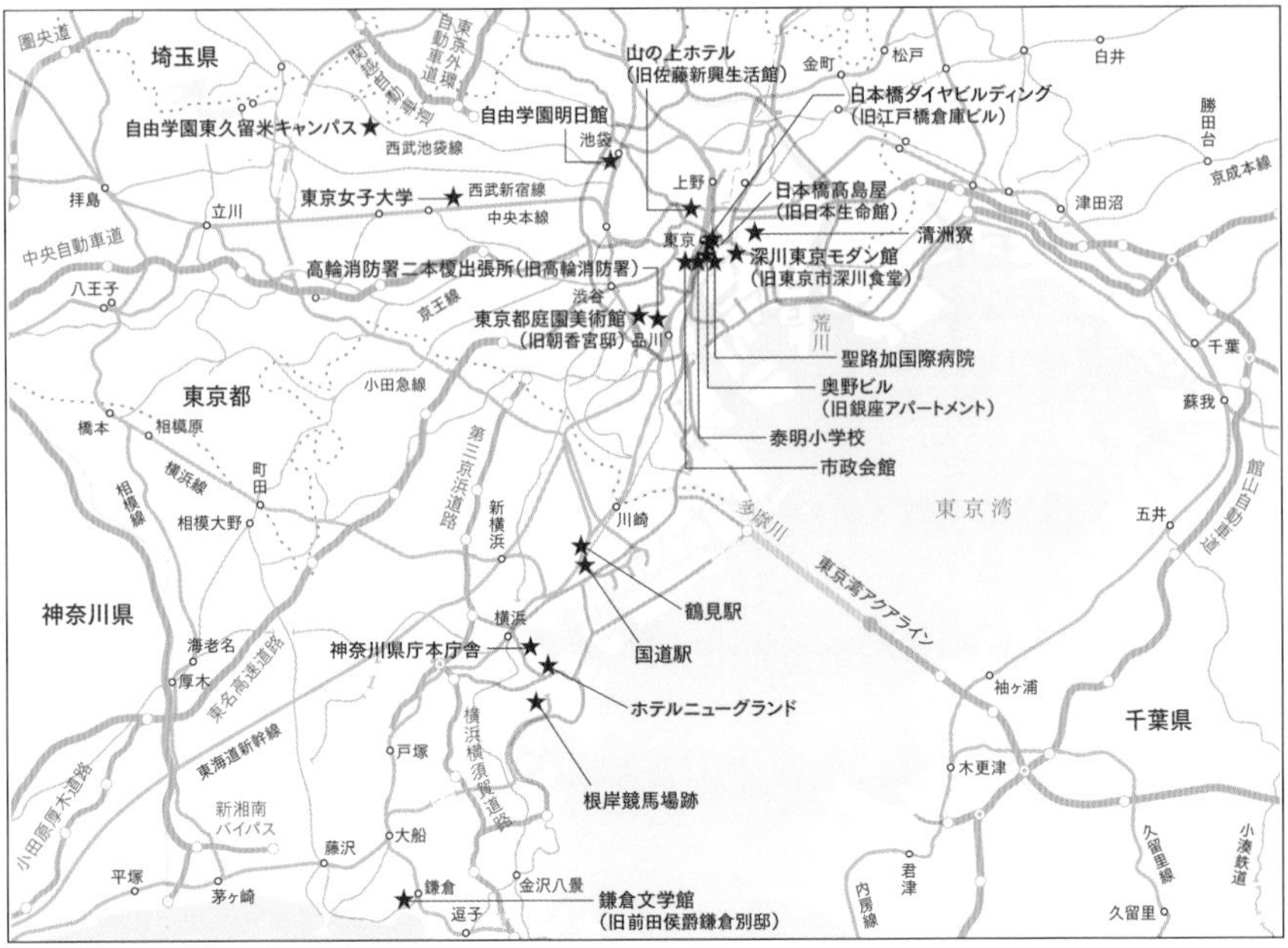

東京圏

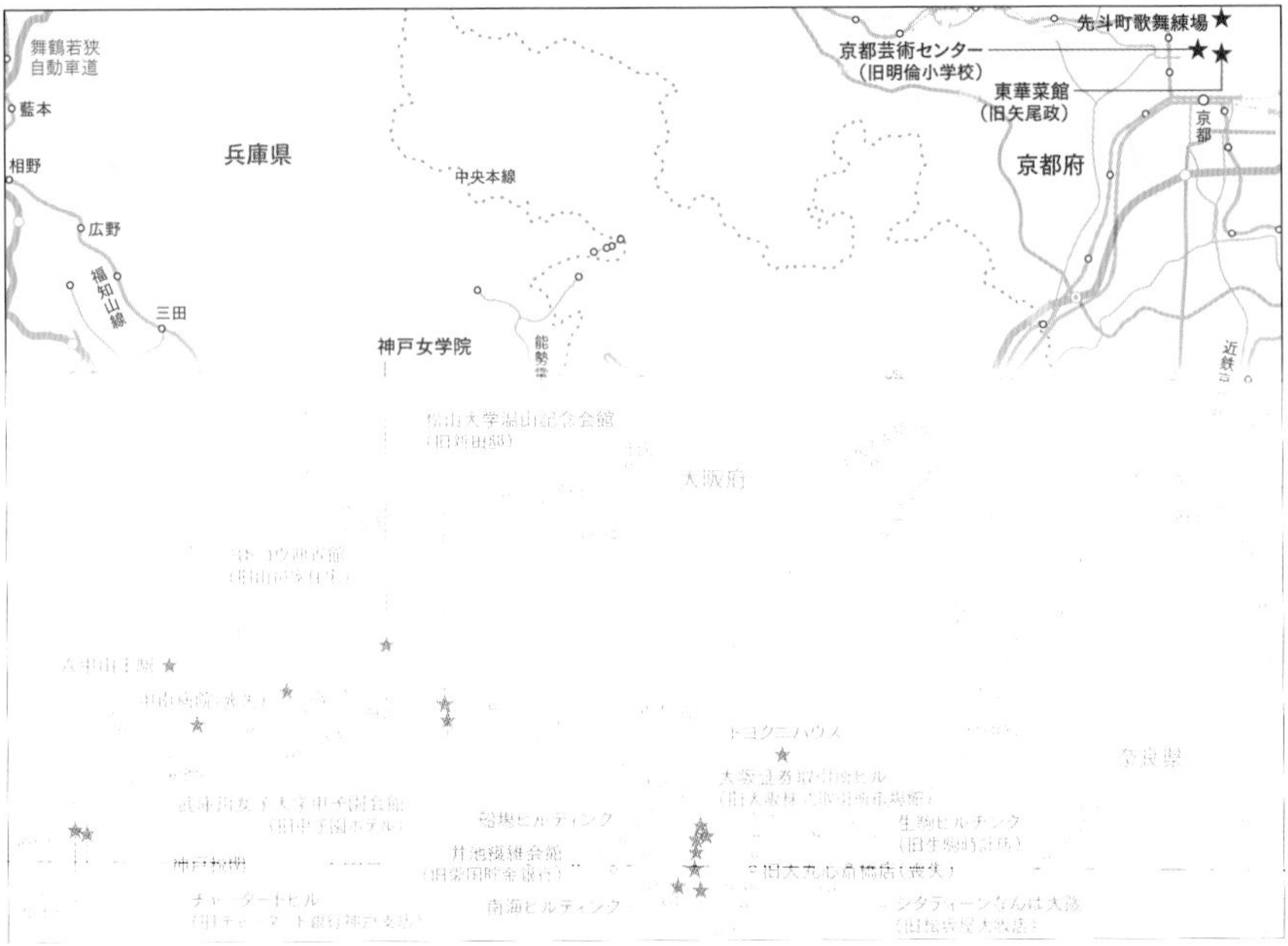

京阪神圏

PART

1

建築様式で見る

アール・デコ

旧朝香宮邸

現・東京都庭園美術館

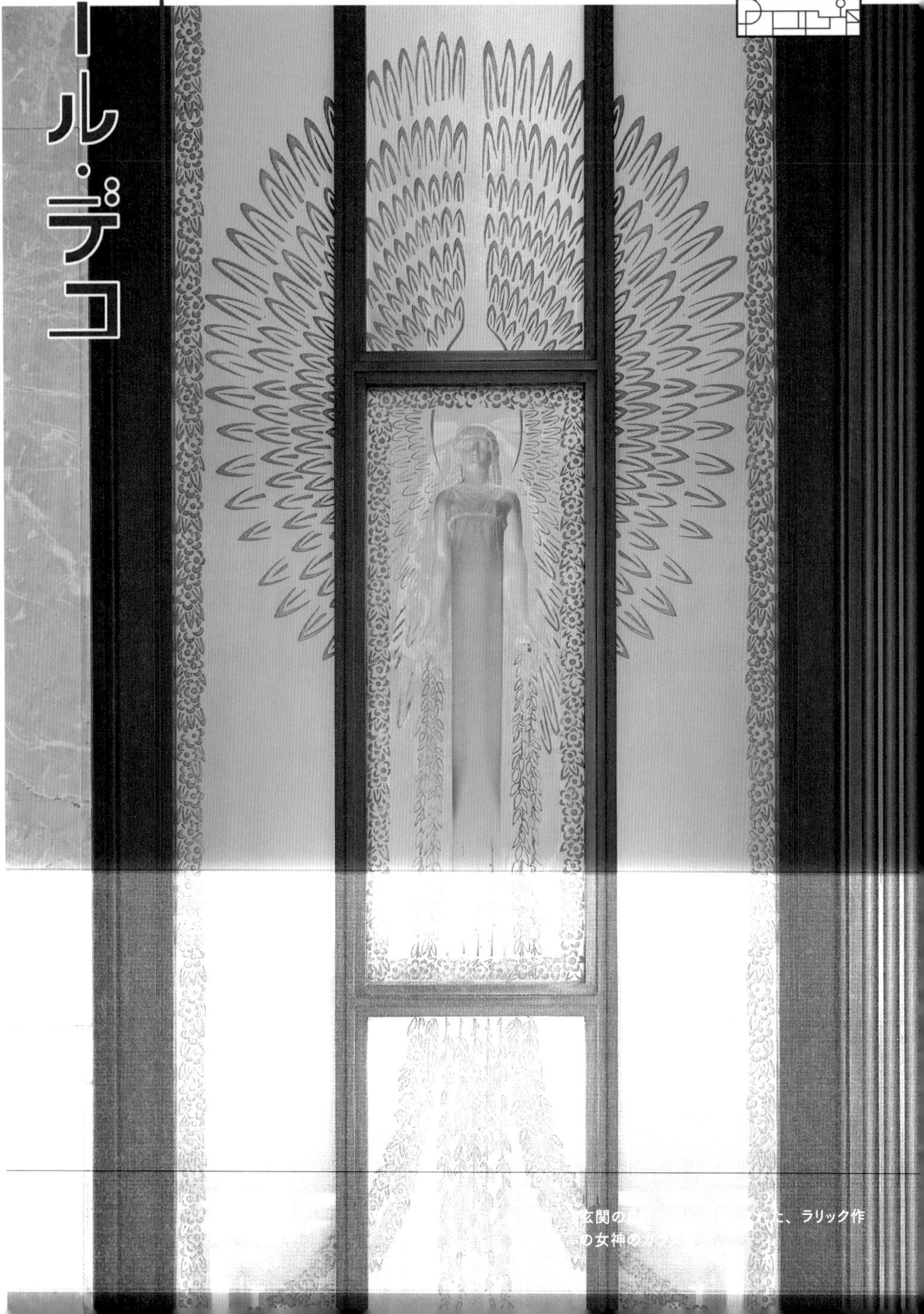

玄関の[illegible]た、ラリック作
の女神の[illegible]

旧大丸心斎橋店

（喪失）

直線的なデザインや幾何学的な装飾美で知られるアール・デコは、日本でも昭和初期に流行した。

東京都庭園美術館として知られるここは、もともとは旧皇族・朝香宮《あさかのみや》家の邸宅で、１９３３（昭和８）年に竣工している。日本を代表するアール・デコ建築の一つとしても名高い。

アール・デコとは直訳すれば、装飾芸術である。欧州の建築は、ギリシャ、ローマに由来する古典建築と、ロマネスク、ゴシックという中世建築に大別される。西ローマ帝国滅亡後１０００年続いた中世が終わってルネサンス時代が到来したとき、古典様式も復興された。ルネサンス建築である。その後、建築は美術や音楽と連動しつつバロック、ロココと変化するが、19世紀になるとネオ・ルネサンス、ネオ・ゴシックなど、過去の様式の再現が主流となっていた。

世紀末には新しい動きとしてアール・ヌーヴォーが現れる。20世紀になるとプラスチックなど新素材が登場し、大量生産の時代へと突入する。その時流から１９１０年代に生まれたのが、直線と曲線を組み合

旧朝香宮邸

現・東京都庭園美術館

庭園側外観全景。シンプルな造りながら塔屋や2階の換気口などにアール・デコ・デザインのグリルがはめ込まれている。

わせた幾何学的デザインを特徴とするアール・デコである。ジャポニズムの影響を受けたアール・ヌーヴォーに引き続き、アール・デコも漆《うるし》など日本の素材を積極的に取り入れた。その名は1925年にパリで開かれた現代産業装飾芸術万国博覧会（通称アール・デコ博覧会）に由来し、概ね30年代まで続いた。畢竟《ひっきょう》、本書で取り上げる建物はすべて、アール・デコ期のものである。

フランス暮らしが長かった朝香宮鳩彦《やすひこ》王《おう》夫妻はアール・デコ博を体験し、その美しさに魅了された。そこで帰国後、造営する自邸をアール・デコの殿堂にしたのである。設計は宮内省内匠寮《ないしょうりょう》（担当技師・権藤要吉）であるが、内装デザインはフランスのインテリア・デザイナーであるアンリ・ラパンがおもに担当し、正面玄関のガラスレリーフやサロンのシャンデリアはアール・デコを代表するガラス工芸家ルネ・ラリックの作品となっている。

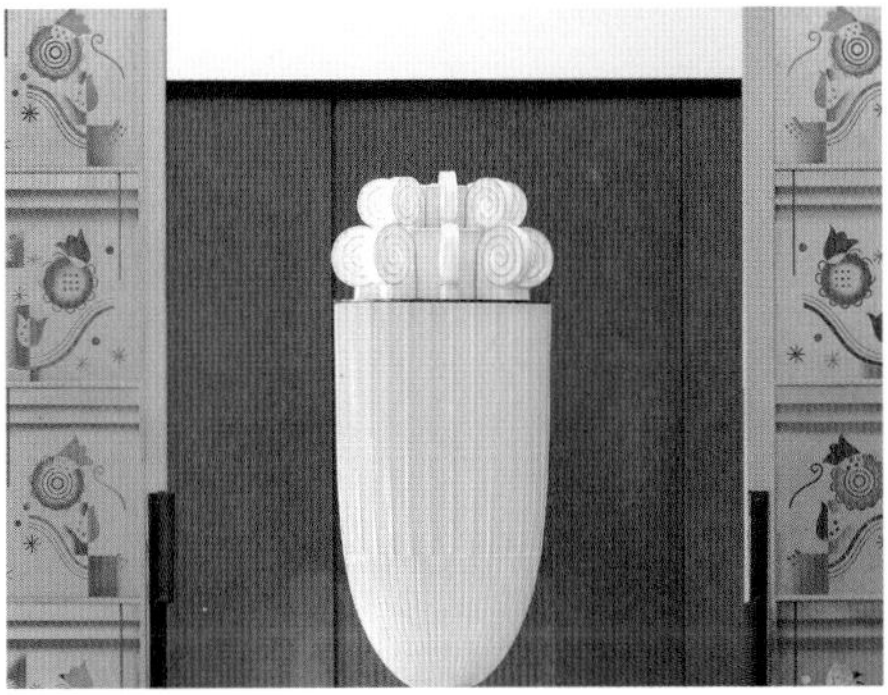

白金を練り込んだ堆朱塗りの壁を背景に立つ香水塔のある次室は、最もアール・デコらしさを放つ空間の一つ。

ラリック作の玄関扉。有機的なフォルムはラリックの真骨頂であるアール・ヌーヴォーのテイストに近い。

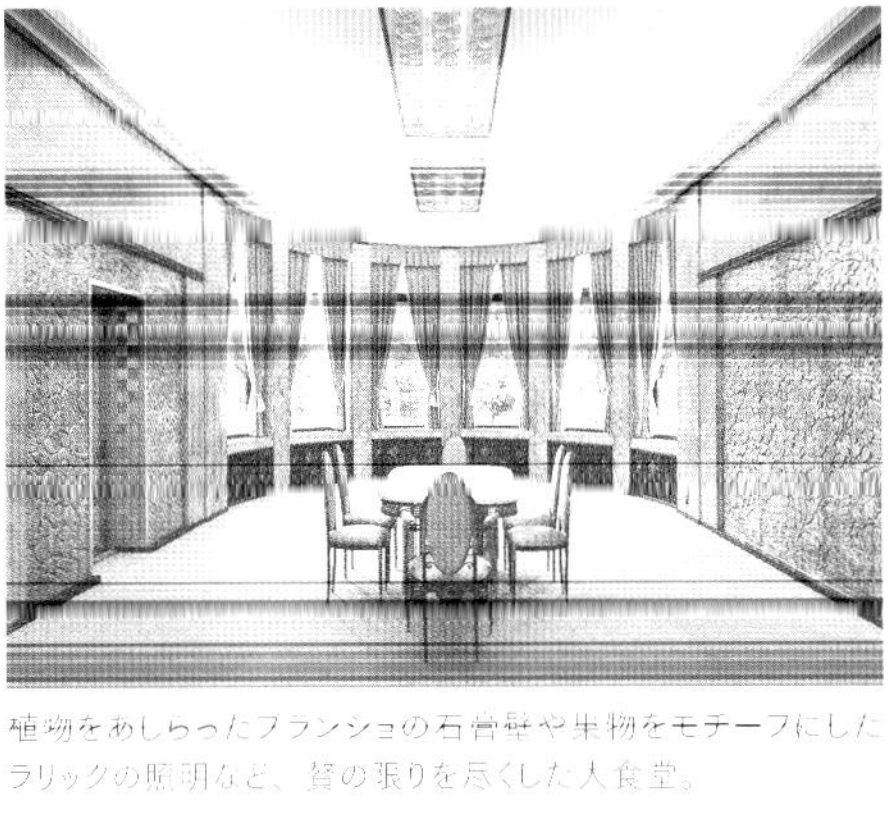

植物をあしらったブランショの石膏壁や果物をモチーフにしたラリックの照明など、贅の限りを尽くした大食堂。

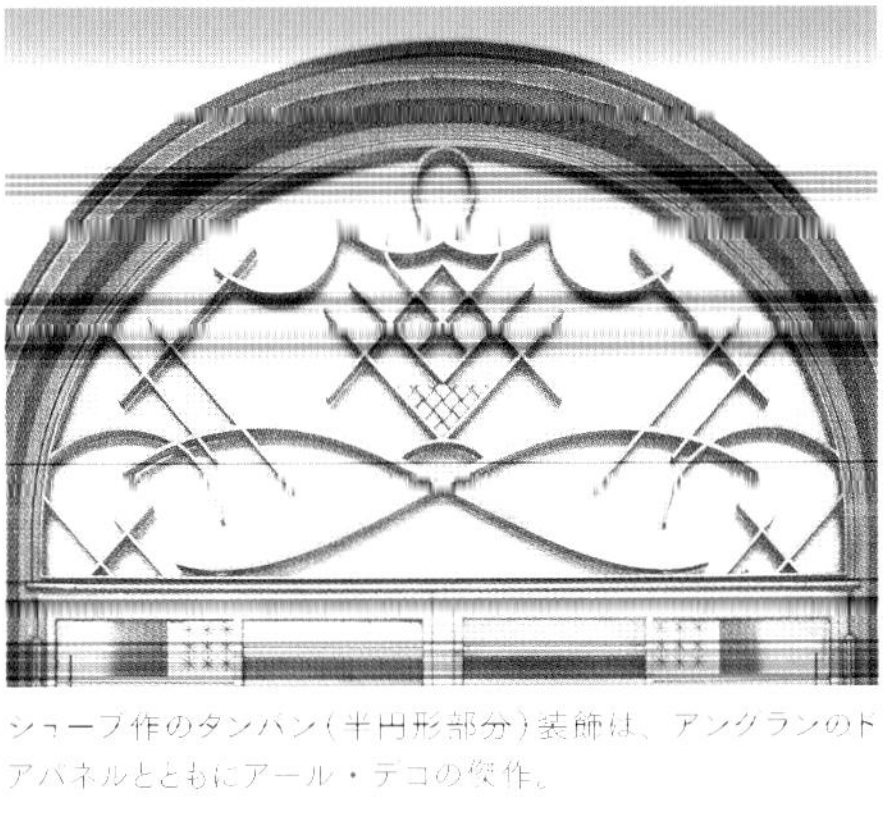

シューブ作のタンパン（半円形部分）装飾は、アングランのドアパネルとともにアール・デコの傑作。

姫宮寝室前広間の天井灯（左上）、ラリックの大客室天井のシャンデリア（左下）、和洋が混在する玄関の天井灯（右上）、そして姫宮居間の天井灯（右下）と、すべて異なる照明器具。

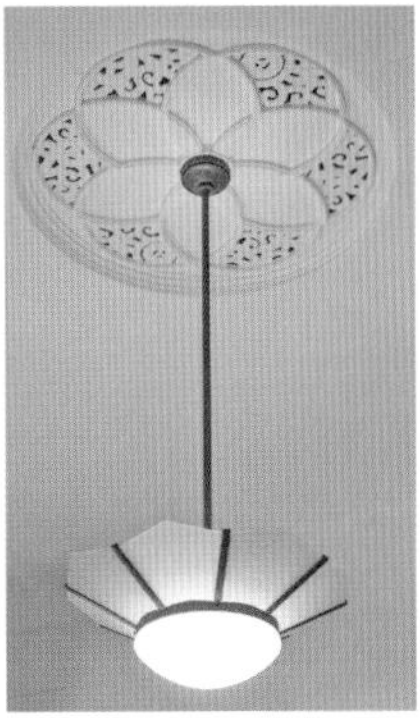

煖炉のレリーフ（上）や大食堂、大客室のラジエターカバー（中、下）もすべて異なる意匠。

P12 左上：2階庭園側ベランダ。　左下：塔屋や2階換気口と呼応するグリルがはめ込まれた表階段。右上：2階階段広間。　右下：銀引きフロスト仕上げのエッチングガラスをはめ込んだアングラン作の扉。

外観の装飾はストイックだが、内装はシックで美しい。一階はおもに接客・社交空間で、二階が生活エリアとなっているが、この時代の日本人の住宅で和室がまったくないのはきわめて珍しい。ほぼ洋式の生活が営まれていたのだろう。

　戦後は吉田茂により外相公邸とされ、西武のプリンス迎賓館時代を経て、東京都の所有となった。それにより1983年から庭園美術館となる。ヴォーリズ、ライトに代表されるアメリカのアール・デコの影響が強い日本にあって、ここはフランスのアール・デコ。日本にいながらにしてパリを感じられる。

旧朝香宮邸

現・東京都庭園美術館

所在地：東京都港区白金台5-21-9
竣工年：1933年
設計者：宮内省内匠寮（権藤要吉）
内装デザイン：アンリ・ラパン
国指定重要文化財

旧大丸心斎橋店

（喪失）

日本を代表する、世界に通用する百貨店建築だった。アール・デコの傑作、大丸心斎橋店。

日本の老舗百貨店はいずれも呉服店を前身とする。それに1929年開業の阪急を嚆矢《こうし》とし、私鉄系百貨店が続く。

産業革命後、社会構造が変化し、中間層が誕生した。それにより百貨店という大衆を対象とする商売が成立する。パリのボン・マルシェ誕生から半世紀ほど、日本でも1904（明治37）年に三越が「デパートメントストア宣言」を出す。高等教育を受けて企業や官庁に勤務する「無産中流階級」、すなわちサラリーマンが日本でも都市中間層として登場したからである。

彼らは阪神間など郊外に住み、私鉄で都心に通勤し、休日は家族で百貨店を訪れた。デモクラシーが叫ばれ、大衆文化が花開いた大正時代の都市の花だった百貨店は、たんなる小売業ではなく文化の発信拠点だったのである。

大丸心斎橋店は、1717年創業の老舗・大丸の本店である。設計はヴォーリズ設計事務所。工事は1922（大正11）年竣工の一期から1933（昭和8）年まで、

P14、P15右上、P16中、P16下右、P17右下の写真：吉井法之氏所蔵

1階エレベータ周りはこの壮麗無比なる殿堂のなかでも、作者が最も意を尽くした空間である。

大丸心斎橋店に既製品はほとんどない。すべては建築家がデザインし、職人が手作りしたものだ。

アラベスク風透かし模様の照明。繊細な装飾で埋め尽くされた祝祭的空間であった。

四期にわたった。ヴォーリズの最高傑作であるのみならず、日本の百貨店建築の最高峰であり、日本を代表するアール・デコ建築で、専門家も重要文化財クラスだと指摘していた。

内外装ともゴシックを基調にした壮麗なアメリカン・アール・デコ。ヴォーリズ事務所の天才ドラフトマン、佐藤久勝入魂の仕事だ。佐藤はヴォーリズと同じく正規の建築教育を受けていない建築家だが、ヴォーリズのもとでその才能を見事に開花させた。いまに残る手書きの美しい図面の数々は、それ自体が芸術品である。天才が命を削って設計し（佐藤は1932年に42歳で歿する）、本物を作れと資金を出す施主がいて、最高の材料が揃えられた。職人たちも「一世一代の大仕事」と腕をふるう。こうして二度と再現できない、最高の作品が作られたのだ。

一階から最上階まで吹き抜けを設け、その天井はステンドグラスであった。最上階には贅《ぜい》を尽くした和食堂と洋食堂があっ

心斎橋筋側正面を飾るのは、アメリカに発注したテラコッタ製の孔雀のレリーフである。

御堂筋側正面内側には、ヴォーリズ得意のイソップの寓話を題材にしたステンドグラスが輝く。

左：壮麗という言葉がふさわしい御堂筋側正面玄関。これに心浮き立たない者はないであろう。　右上：透かし彫りにした大理石に手の込んだ真鍮製パーツをはめた照明が組み込まれた柱。　右下：エレベータホールの梁を支えるのは、これぞアール・デコ・スタイルともいうべき猛禽像。

た。劇場を持ち、さまざまな公演が行われた。廻廊をめぐらす一階はことのほか壮麗で、バルコンには楽団が陣取り、客が入店するごとに演奏したというから、どれだけきらびやかな空間であったか。中・上流階級のみならず、庶民も一張羅を着てハイカラな洋食を食べに行けた。

　まだまだ丁稚奉公も少なくなかった時代、モガがデパートガールになるときちんと月給が支払われ、毎週の休みもあった。社会システム上も、時代の最先端を行っていたのである。

「近代」を象徴する建物が、２０１６年に消されてしまった。

旧大丸心斎橋店（喪失）

所在地：大阪市中央区心斎橋筋
1丁目7番1号
竣工年：1922年（第1期）〜
1933年（第3期、第4期）
設計者：ウィリアム・メレル・ヴォ
ーリズ（ヴォーリズ建築事
[illegible]
[illegible]

文化財として未指定のまま、2016年に解体された。

COLUMN: 景観とは誰のものか?

私の住む西宮市は阪神・淡路大震災で激甚な被害を受け、街並み・景観はずいぶん変貌した。とくに西宮北口地区は区画整理されたので町割《まちわり》すらも変わり、どこに何があったのか偲ぶよすがとてない。

そもそも、この国では天災以上に人為が景観を破壊している。魔都・上海《シャンハイ》で少女時代を過ごした母と英文学者の父のもと、大正時代にはすでに洋風文化が根づいていた阪神間に生まれ育った私は、物心ついたころから街歩きと近代の景観が大好きなのだが、保存と活用を訴え続けて30余年、近代建築は半減してしまった。

日本を代表するアール・デコ建築であり、日本一の百貨店建築であり、大阪随一のランドマークであった大丸心斎橋店が破壊された。この暴挙を阻めない国は文化国家なのか? ロンドンのハロッズ、リバティ、セルフリッジズ、パリのギャルリ・ラファイエット、プランタン、ボン・マルシェ、ニューヨークの五番街サックス、バーグドルフ・グッドマンといった老舗百貨店は建物自体が価値を持つ。建て替えは経営的にも考えられない。そしてたとえ経営者が乱心し壊そうとしても、法的に許されないようになっている。それが文明国ではなかろうか?

高度成長期には日本人ツアー客が世界中で恥をかいていた。エッフェル塔の下に茣蓙《ござ》を敷いて弁当を食べていたのだから、爆買いは「かつてのわが姿」にほかならない。そのころの日本は欧米諸国に追いつき追い越したが、いまや追われる側。となれば、当時日本が追い越した国々を今後の範とすべきなのでは? 英独仏伊はいまもサミット参加国なのである。

私は、それは文化立国に成功したからだ、ととらえる。典型的なのはパリだが、パリは第二帝政期にセーヌ県知事オスマンの大改造で今日の姿となった。そして第二次大戦後、ドゥ・ゴール政権の文化大臣アンドレ・マルローが文化財保護法を制定し、それによってパリは原則として19世紀の姿を改変できないことになったのだ。もちろん、一般住宅から国宝まで等級はさまざまで、重要なもの以外、内装は触れる。

ともあれ、パリは景観だけが売り物の博物館的観光都市になってしまったか? 否である。パリはいまなお文化的な地位だけでなく、経済的・政治的にも世界の枢要な都市である。パリジャンは本気でパリは世界一だと思っている節があるが、そのプライドは大切だ。だからこそ、パリは世界トップクラスの都市格を保っているのだ。政府がオペラ座にどれだけの税金をつぎ込んでいるか。市民のコンセンサスが得られるから実現しているのだし、回りまわって市民に還元されている=国益になるのだ。文楽をエンターテイメント扱いして独立採算でやれ、と放言するどこぞの元市長との差は歴然であろう。

市民は都市のどこに誇りを持つのか? 目に見える部分が大きい。つまり建築・景観である。安易に区画整理し、どこに何があったかすらわからなくなるような街づくりは、「記憶の継承」を無視した愚行だろう。

とくに百貨店は、その都市圏に住むすべての人間の思い出の場である。私の場合、京阪神のすべての百貨店にさまざまな思い出がある。家族で出かけて屋上で遊び、アール・デコ調の壮麗な大食堂でお子様ランチを食べ、玩具を買ってもらい、手動式のエレベータに乗った。何もかもが懐かしい、大切な思い出なのだ。映画や美術展など、さまざまな文化にも触れた。京阪神大都市圏の人口は1800万人余。その人々の思い出は、もはや公共のものではないのか？　一私企業の一存で破壊してしまっていいものなのか？　景観は公共性を帯びるのだ。

そもそも百貨店はスーパーとは違う。日常のなかの非日常、ハレの空間である。とくに心斎橋はターミナルではない。「ついで」ではなく「わざわざ」行くところだ。されば「特別な何か」がなければならない。「イオンモールと大差ないやん」では見捨てられる。

心斎橋と同じく、ターミナルではないが歴史的中心商業地である東京・日本橋《にほんばし》では、髙島屋も三越も重要文化財となって格式を守っている。髙島屋も大丸も大阪が本拠の老舗呉服屋だが、企業の見識と品格の差が歴然としてしまった。歴史は大丸のほうが倍近いのであるが。

大丸は2017年で創業300年。その老舗に市民＝顧客は何を求めているのか？　「文化的に貴重だから採算を度外視して残せ」と無茶を言っているのではない。あれを破壊するのは経営的にもありえない、何が大切なものなのか、まったくわかっていない愚行なのである。

幕末、大塩平八郎《おおしおへいはちろう》の乱では豪商の多くが焼き討ちされたが、大塩は「大丸は義商なり、犯すなかれ」（大丸は義を重んずる商人だから焼いてはならない）と命じた。しかるに大阪の誇りといっていい老舗のいまのありようは、どういうことか？　見識が微塵もない。コーポレートガバナンスが、短期的視野に立つ、当期ごとの利益と配当だけを目的とするものになり果てている。300年の老舗が次の100年を見越した事業計画を立てるなら、歴史を体現する本店を安普請の張りぼてに建て替える発想など最初から出ないだろうに。

そして、文化財保護法がその立法趣旨を全うできていないのも問題である。所有者が壊そうとしても行政が法の枠で守れる仕組みが必要だが、日本では文化財指定を所有者が拒む例が多い。文化財指定が名誉ではなく忌むべきこととされるなぞ、文明国ではない。名誉であるのみならず、所有者にも経済的に利益となる制度であるべきなのだ。

日本はいろいろな意味で、大きな分岐点に立っている。私権を制限しようとし、戦前のごとき社会になりそうな雰囲気すら漂うが、不動産だけは私権が絶対のままである。いまここで踏みとどまって歴史と文化を大切にしないと、取り返しのつかないことになるだろう。

旧前田侯爵鎌倉別邸

現・鎌倉文学館

下階部分にはスクラッチタイルが貼られ、上階と独立した印象を与えている。

スパニッシュ

大正末期から昭和初期にかけて
日本でも流行したスパニッシュ様式。
その様式美に触れる。

旧新田邸

現・松山大学温山記念会館

門から旧新田邸正面ファサードを見る。[illegible]すっきりした、モダニズム色の濃いスパニッシュである。

控えめなハーフティンバーと青瓦が印象的な南側のファサード。

東

旧前田侯爵鎌倉別邸

現・鎌倉文学館

　私は歌人なので、関西と関東でときどき「甲麓庵歌会」と名づけた歌会を催している。もうずいぶん前になるが、この侯爵の館もお借りした。雨の鎌倉吟行、故人となった若い仲間も参加していたので、非常に思い出深い。

　加賀百万石の大名華族・前田家の邸宅は東京・駒場の本邸と、この鎌倉別邸が現存する。明治期に十五代当主・前田利嗣侯が別邸を建てるが、火災や関東大震災などで再建を繰り返し、さらに1936年、十六代・利為《としなり》侯が全面的に改築、いまに残る三階建ての洋館とした。設計は渡辺栄治。侯爵家お抱えとも聞くが詳細は不明、謎の建築家である。

　本書では阪神間文化圏についてしつこく言及するが、関東で対応するのは湘南文化圏である。われわれ関西人のイメージでは「小京都＋芦屋」が鎌倉となるが、現地の人に怒られようか？　交通の発達と都心の過密化により郊外住宅地化した歴史も阪神間と似て、1922（大正11）年に

壁面、煖炉、天井や天井灯など、創建当時の姿が残る食堂。

庭の中にある石造り風に作られた「招鶴洞」は鎌倉らしい雰囲気を醸し出す。

シックな印象の玄関ロビー。小ぶりのシャンデリアは創建当時のもの。

左：細部の装飾が美しい食堂の天井灯。　右：和風柄が施された応接室のウォールランプ。

は大船田園都市が拓かれた。芸術家の数は阪神間をしのぐだろう。

私はホテルニューカマクラ（1924年）なる洋館に何度か逗留し、厳冬の夜にバー「ザ・バンク」（1927年・旧横浜興信銀行由比ヶ浜出張所）でオレンジジュースを飲んだこともある。もし関東下向するなら、鎌倉に住みたいと思っている。

鎌倉別邸は相模湾を見下ろす高台に建つ。侯爵は海水浴をする夫人と子どもたちを窓から見守ったという。瀟洒な門を抜け緑深き石畳を進むと、「招鶴洞」という石積み風のトンネルに至る。個人邸宅内にトンネルとは何とも豪壮で、ほかでは大山崎山荘（ニッカウヰスキー創業者の一人、加賀正太郎邸）の琅玕洞しか知らぬ。異界の入り口のごとき隧道をくぐると、ようやく青瓦葺《あおかわらぶき》の屋敷が見える。建物と敷地は不可分一体であることがよくわかる、素晴らしいアプローチである。

一階は鉄筋コンクリート、二階から上は木造だが、もちろん全体が木造に見えるよ

食堂の窓に施工されたシンプルながら美しいステンドグラス。相模湾越しに大島が見える。

唯一、創建当時のものとして残る応接室の丸窓ステンドグラス。

左：1936（昭和11）年の食堂。応接室と同様、壁面や天井はそのままの姿で残る。　右：1936年の応接室。床の間を意識した壁面や天井は現存。（曄道永一氏所蔵／写真提供：鎌倉文学館）

寄木造の雷文の床は創建当時のもの。

うに配慮されている。スペイン瓦というと暖色系が多いのだが、青もまた美しい。切妻《きりづま》屋根に六角の塔状ベイウィンドウが印象的で、アシンメトリー（左右非対称）に構成されている。玄関は二階で、重厚そのもの。内装はアール・デコが主で大理石の煖炉《だんろ》やステンドグラスが侯爵家の生活を偲ばせるが、鎌倉文学館となるときにかなり改装されているのが惜しい。なお、二階は非公開となっている。

時雨たる鎌倉巡り隧道を抜け侯爵の館に至る

旧前田侯爵鎌倉別邸

「阪急沿線は山手のお屋敷町で、阪神沿線は下町」などという俗説を訳知り顔で吹聴する半可通が少なくない。しかし都市とは複雑なもの。阪急沿線にも下町はあるし、阪神沿線にも錚々《そうそう》たるお屋敷町は少なくない。

西宮市の場合、明治末から昭和戦前に拓かれた「西宮七園《にしのみやななえん》」がある。そのうち阪神沿線は甲子園、香櫨園《こうろえん》。阪急沿線は昭和園、甲風園、甲東園、苦楽園、甲陽園である。いずれも環境のよい住宅地として知られる。宮本輝氏の小説『錦繡《きんしゅう》』の主人公は香櫨園のお屋敷に住み、『幻の光』では酔った主人公の夫が乗り過ごして甲子園に行き、豪邸ばかりなのに腹を立てて自転車を盗むというシーンもある。余談だが、村上春樹氏は西宮市立香櫨園小学校出身だ。

1924(大正13)年に甲子園球場が開設され、昭和に入るころには優良な郊外住宅地として人口が急増しつつあった。それに合わせて、甲子園北部を通る省線東海道本線にも1934(昭和9)年に甲子園口

左：玄関脇には古風なロンデル窓が。板ガラスが作れなかった時代、中世のスタイルである。　下：庭園に面した南側ファサード。右3分の1は和館なのだが、違和感なく処理されている。

旧新田邸

現・松山大学温山記念会館

上：すべてが曲線で作られている玄関ホール。階段が優美である。緞通《だんつう》も再現できない当時物。　左：セントラルヒーティング完備の名残として、随所に美しく装飾されたラジエターカバーが残る。

駅が設置された。

旧新田邸は駅の南東、新堀川沿いにかつてはワンブロックすべてを占め、２０００坪を擁した邸宅である。現在も１３００坪、閑静な邸宅街でもひと際大きな存在といえる。伊予松山出身、大阪で皮革ベルト製造業を興して財を成した温山・新田長次郎が娘婿の建築家・木子七郎に設計させ、孫の新田利國のために建てた旧新田邸は、１９２８年に竣工した。

正面ファサードは鉄筋コンクリート造のスパニッシュ風洋館だが、モダニズムの影響もある。美麗なるスペイン製タイルや古風なロンデル窓をあしらった玄関を入ると、素晴らしい階段が目を引く。一階南側はサンルーム、応接室、煖炉のある食堂と連なるが、セントラルヒーティング完備だったので、煖炉に煙突はない。随所に設置された暖房用ラジエターにも素晴らしい細工が施されている。二階には撞球室、書斎、寝室が並ぶが、アール・デコ装飾で埋め尽くされ、息を呑むばかり。

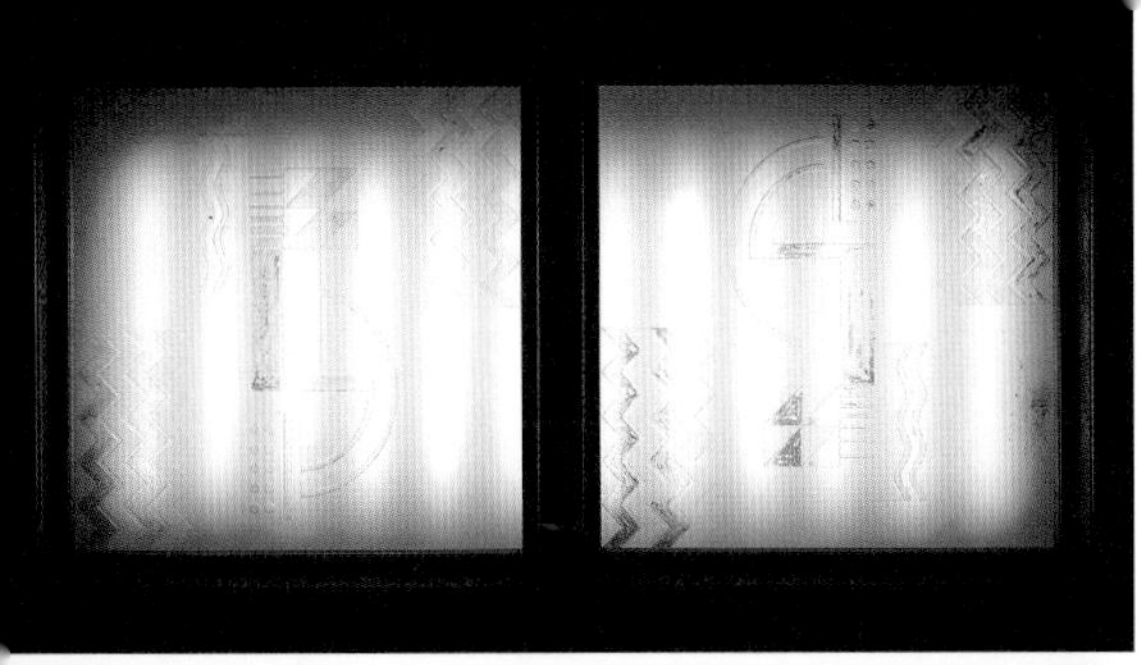

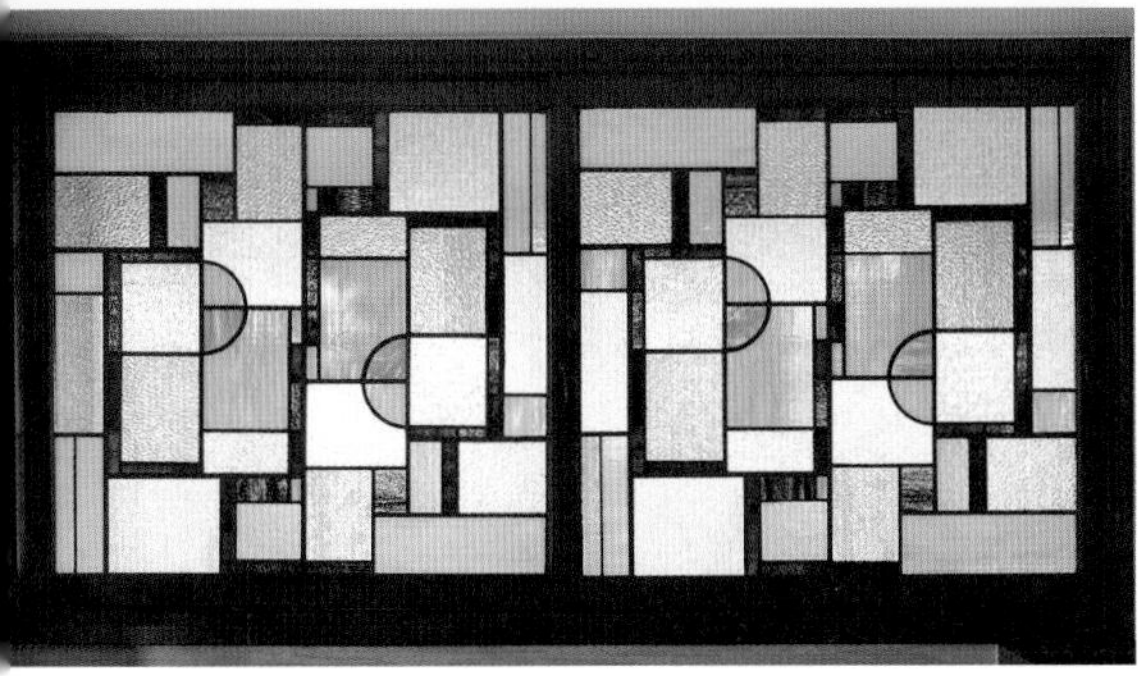

上：撞球室のトップライトは金彩が施されたアール・デコ・スタイルのエッチングガラス。　下：書斎とサンルームのあいだのステンドグラスは左右同じ意匠で、窓を開けるとぴたりと重なる。

車寄せの大きな庇の下に、スペインから取り寄せたタイルも鮮やかな正面玄関がある。

2階撞球室の床は寄木造。四つ玉式の古風な撞球台は当時のものである。

奥のほうには和風の数寄屋が接続しているが、そちらの造作も何とも見事。宮中に仕える棟梁の家に生まれ、東京帝大で建築を学んだ木子七郎の真骨頂が発揮された名邸だといえよう。

温山翁が創立した松山大学（旧制松山高等商業学校）に寄付され、現在はセミナーハウスとして活用されている。マンション業者に売られてはひとたまりもないところ、見識のある遺族によって救われた稀有なる例である。広大な庭も、鉄筋コンクリートの立派な防空壕も、松山大学により大切に維持されている。

旧新田邸

現・松山大学温山記念会館

所在地：兵庫県西宮市
甲子園山1 12-31

竣工年：1928.4

設計者：木子七郎

国登録有形文化財

和洋折衷

神奈川県庁本庁舎

先斗町歌舞練場

和洋折衷の建築を指して帝冠様式と言われることもあるが、必ずしも「大日本帝国」を象徴するような権威主義ばかりではない。東西の気風の違いがよく表れている。

鴨川側ファサード。花街に相応しい華やかさが溢れている。5月の「鴨川をどり」はぜひ訪れたい。

神奈川県庁本庁舎

横浜三塔の一つ、「キングの塔」で親しまれる神奈川県庁本庁舎は、昭和モダン建築を代表する和洋折衷建築である。

加えて、ホテルニューグランドや横浜気象台などとともに、東京や関西よりもいち早く、最先端の建築意匠を取り入れた横浜の建物でもあった。

のちの帝冠様式や、ジャパン・アール・デコとでもいうようなモダン建築、そして中央に塔屋を配したＲＣ造公共建築の嚆矢といえよう。

昭和3年に竣工した庁舎は四代目で、設計は四百近い公募から選ばれた小尾嘉郎《おびかろう》の原案。それを元に、県の建築技師たちが実施設計にあたった。横浜の多くの最先端な公共建築を先導した成富又三も関わっていたことだろう。

外壁を覆うタイルは、一見スクラッチ・タイルに見えるが、実は縦

塔屋の四隅と同じデザインがあしらわれた正面の門柱。

かつては水煙もあり、より五重塔に近いイメージだった塔頂部。

筋を型押しした「筋面《すじめん》タイル」で、畝《うね》の太さが三種類もある懲りようだ。

緑青色をした連続模様のパラペットがアクセントを与え、絶妙な色彩のコントラストを生み出している。もっとも、創建当時はテラコッタ製なので、現在よりも少しぼやけた印象だったことだろう。

正面玄関から塔屋にかけての中央部分には、アール・デコや近代建築の巨匠、フランク・ロイド・ライトの影響を感じる、さまざまな形をした幾何学的造形が配され、庁舎の中では最もヨーロッパ色が強い。

塔屋の施工は応募条件ではないが、塔を載せる場合の但し書きと、港外からでも県庁の所在を認識できる意匠、という二つの項目から、多くの応募案に塔が描かれた。

小尾は後に「我国風を表現し、遠き外来者に第一好印象を与ふべき」と語っている。そして五重塔を参考にして出来上がったのがキングの塔だった。

最頂部の五輪の塔は、当初観音を載せる予定だったらしい。結局、実施設計の段階

上：正面玄関ロビーに鏤められた和の意匠。下：屋上に保存されているオリジナルのパラペットの一部。デザインにはライトの影響が見られる。

上：もっともヨーロッパ色が強い中央玄関周りのレリーフ群。下：最上階の壁面に点在するアール・デコなレリーフ。

で五輪の塔に修正されたようだが、それでも当時は水煙もあり、より相輪に近い形のものだった。

　館内の内装には、雲肘木を連想するコーベルや鳳凰のメダイヨンなど、和の意匠が数多く鏤められている。中央階段の照明は、空想の草花をデザイン化した唐草模様の宝相華《ほうそうげ》で、階段手摺りのグリルにもあしらわれている。

　特に旧貴賓室には宝相華のモチーフが多用され、格天井の格調高さと相まって、上質な和モダンに仕上がっている。壁面に塗布されたコルクチップによって、独特のしっとりとした反響を生み出すのが興味深い。

　本庁舎は月曜から金曜の日中に見学可能。ただし2021年春の時点では、新型コロナウイルス感染の拡大防止のため休止中。

（この項・黒沢）

上：折上格天井をはじめ、雲肘木や釘隠しなど、和の意匠がふんだんにあしらわれている旧議場。　下：旧貴賓室の壁時計。

右上：4階階段ホールの周囲に廻らされた釉薬タイルは泰山タイルのような印象を受ける。　右下：西玄関の内側に施工された、凝りに凝ったコーベル。左上：オリジナルの形で遺るエレベーターの扉。現在は物置として使われている。　左下：中央階段の親柱に載る宝相華のライトシェード。

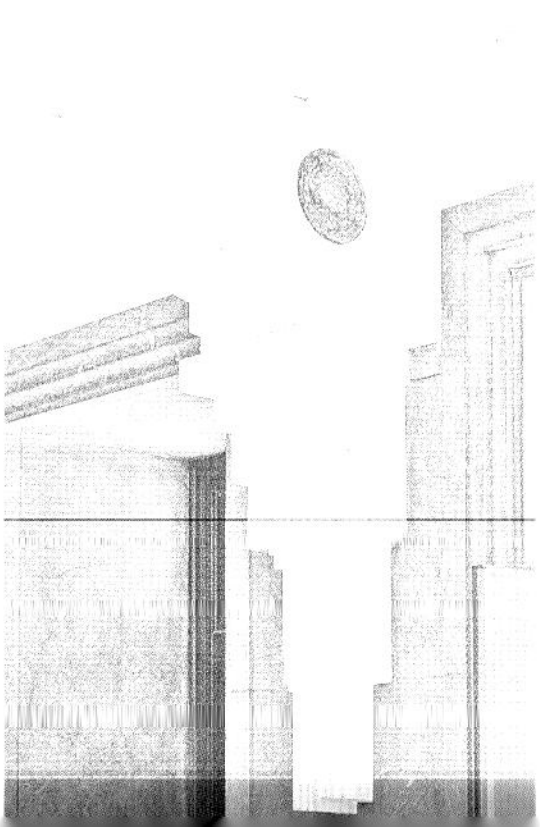

神奈川県庁本庁舎

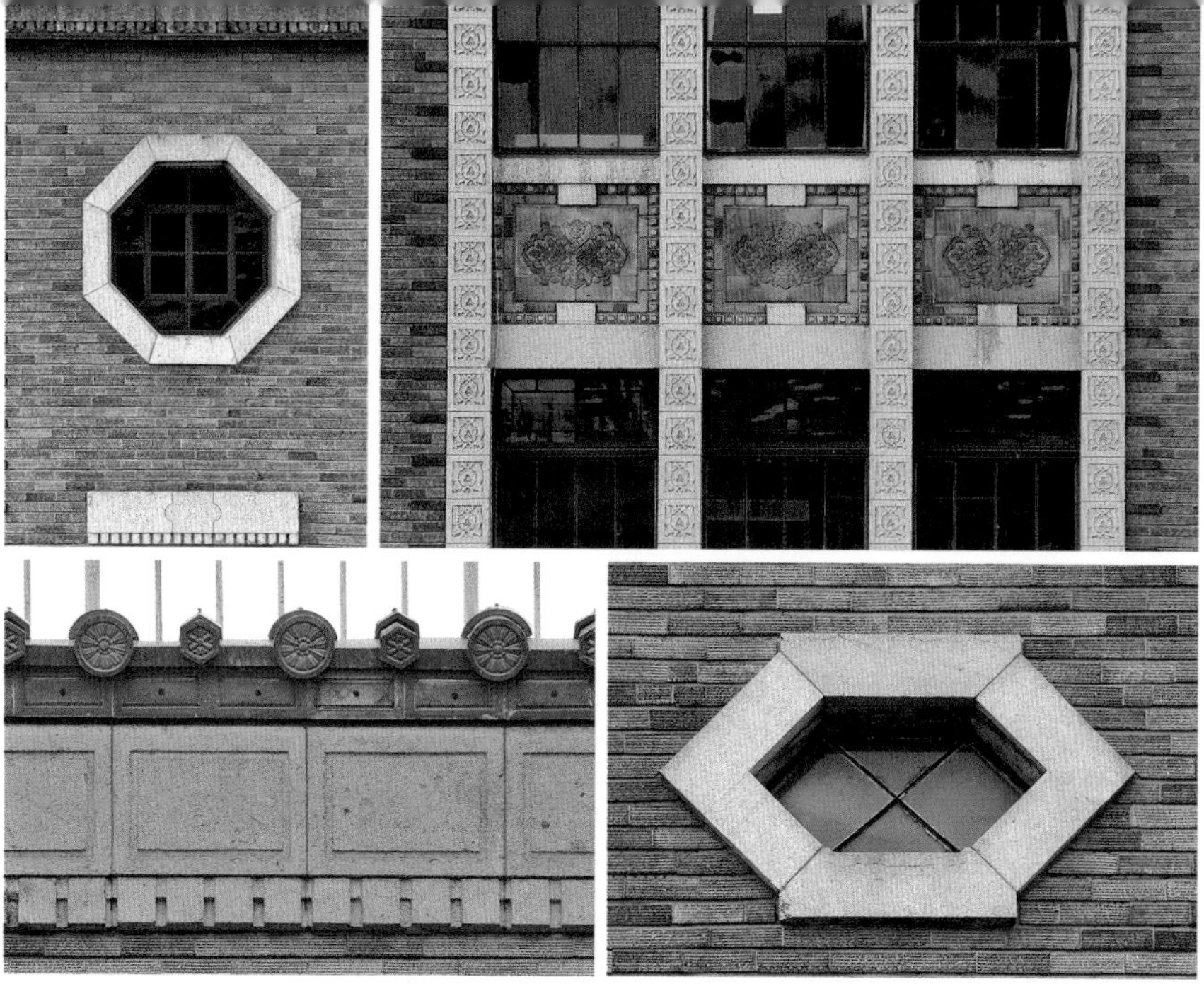

左上：八角形の和風窓が見事に西洋建築と融合している。　右上：スクラッチタイル、テラコッタ、陶板装飾タイル。和洋のデザインがアール・デコとして一体化している。　左下：軒丸瓦は和の意匠だが、中華風の瑠璃色である。　右下：奈落の窓にも手を抜かず、意匠を凝らしている。

先斗町歌舞練場

京都では「五花街」なる語をよく聞く。祇園東、祇園甲部、祇園宮川町という祇園の三カ所、西陣の旦那衆が支えた北野天満宮近くの上七軒、そしてこの先斗町である。そのうち祇園東以外の四カ所と、五花街に含まれない五条楽園（旧遊廓）の計五カ所が、歌舞練場を擁している。芸妓、舞妓《まいこ》の修練と発表の場である。

先斗町通は鴨川右岸の三条通 筋下ルから四条通まで南北に貫く、石畳の路地と言っていいほどの狭い通りである。花街なのでいわゆる三業、つまり仕出屋、待合茶屋、置屋が多いのは勿論、一般の飲食店も櫛比《しっぴ》し、鴨川に面した東側の店舗は夏季には納涼床《ゆか》を出すところも多い。

その先斗町の北端近くに歌舞練場がある。狭い先斗町通側の正面からそのスケールはわかりにくいが、鴨川対岸の二条京阪から眺めるとその雄大なファサードが異彩を放つ。１９２７年に大林組の建築家、劇場建築の名手として知られる木村得三郎の設計で建てられた。

帝冠様式と言われるが、決して権威主義的ではない。明治以降西洋建築を一通り吸収した日本人がここにきて日本独自の様式を模索した、その結果の一つとして誕生したと言ってよかろう。京都らしい、華やかで柔らかい相貌である。

劇場建築として見ると、極めて狭い敷地に効率よく必要な要素を配置しているのがわかる。正面ファサードの大扉、なんと楽屋口なのである。巨大な鬼瓦、中国風の瑠璃瓦、当時流行のスクラッチタイルなど、和洋中の要素を見事に融合させてアール・デコにまとめた手技は、お見事というほかない。

楽屋口大扉の見事な鍛鉄製の把手。

先斗町歌舞練場

所在地：京都市中京区先斗町通
三条下ル橋下町130番外
竣工年：1927（昭和2）年
設計者：木村得三郎

決して華美ではなく、地味でもなく、絶妙かつ上品な色彩といえよう。京風である。

PART 2

建築家で見る

F・L・ライト

自由学園明日館

夕闇に浮かぶ明日館。ビルに囲まれた都会のなかに異空間が広がる。

旧山邑家住宅

現・ヨドコウ迎賓館

「近代建築の三大巨匠」の一人に数えられるライトが残した、東西の名建築を堪能する。

館内の随所にある、葉をモチーフにしたといわれる緑青仕上げの装飾。

4 階バルコンから食堂を臨む。複雑な地形を活かしたアシンメトリーな構成が見て取れる。

木製の枠組みを幾何学的に配したライト魂が炸裂する渾身の中央棟。

自由学園明日館

自由学園は1921(大正10)年、クリスチャンである教育者・羽仁もと子が夫・吉一《よしかず》とともに創立した。明日館はその最初の校舎である。学園の名称は、「新約聖書」ヨハネ伝第八章三十二節「VERITAS LIBERABIT VOS」(真理は汝らに自由を得さすべし)による。文部科学省に束縛されない独自の教育方針で知られ、幼稚園から最高学部(大学級)まで一貫した教育を実施している。最高学部が法的な大学ではないのも独自教育を貫くため、あえてのことだ。

当初のキャンパスは豊島郡高田町(現豊島区)で、フランク・ロイド・ライトとその弟子・遠藤新による校舎群が建てられた。羽仁夫妻は遠藤と親交があり、ライトを紹介されたのだ。ライトは夫妻の教育理念に共鳴し、「簡素な外形のなかに優れた思いを充《み》たしめたい」なる夫妻の希望を形にするため、明日館を設計。低予算の木造建築ながら帝国ホテルや山邑家住宅に比しても造形の見事さ、空間の豊饒さは

自由学園東久留米キャンパスと唯一同じ造形の外灯は掲揚塔を兼ねている。

和風ともオリエント風とも思える独特な形の棟包み。

食堂裏廊下の側面に施された幾何学的な木製の枠組。

まったく劣らない。

連続する空間によって一体構造とするデザインは、枠組壁式工法（2×4工法）の先駆けともいわれる。木造漆喰塗で、中央棟より左右に両翼がシンメトリーに配される。これはライトの第一黄金期の作風である高さを抑え、地を這うような造形で、ライトの故郷ウィスコンシン州の大平原から着想を得たもの。プレーリースタイルと呼ばれる。

校舎として使われた期間は短く、学園は１９３４（昭和９）年に東久留米キャンパスへ移転。以降、明日館はおもに卒業生の活動に使われた。１９９７年には遠藤新の作品である講堂（１９２７年）とともに国指定重要文化財となっている。世紀の終わりから初めにかけて、３年の保存修理を終えて当初の姿を取り戻した。中央棟ホールの壁画も改修工事の最中に発見され、補修されたものである。

中央棟二階は食堂となっていて、東と西に平屋の教室棟が張り出している。修復に

エントランスの上部に施工された自然採光と照明を兼ねた天窓。

ライトが一晩で考案したといわれる食堂天井灯の唯一無二のフォルム。

学内の中心に置かれた、すみずみまで幾何学的な直線で構成された食堂。

ライト＋遠藤の真骨頂である大谷石は、煖炉のほか館内の至るところで使われている。

館内の照明器具もすべて幾何学的直線のフォルム。

テーブルとセットの遠藤新デザインの椅子。

一部オリジナルが現存する、赤い接ぎ木が印象的な遠藤新デザインの食堂のテーブル。

際しても当時の部材をできるだけ活かし、また家具類もオリジナルと、復元に近い品が用いられ、雰囲気をそのまま現代に伝えるべく最大限の配慮がなされている。国指定重要文化財だが、消防署に「禁止行為の解除」を申請し許可を得ることによって煖炉が現役で維持され、ときに火が焚かれている。

「使ってこそ活きる」をモットーに大切に使われており、ウェディングは年間170組もあるとのこと。取材当日も声楽のコンサートがあり、われわれも聴かせていただいた。100歳を超える高齢の卒業生も毎年来られると伺い、大勢の人々に愛される建物の幸せを思った。

自由学園明日館

所在地：東京都豊島区
　　　　西池袋2-31-3
竣工年：1921年
設計者：フランク・ロイド・
　　　　ライト
国指定重要文化財

玄関車寄せからは芦屋市街、さらに大阪湾まで一望できる。

旧山邑家住宅

現・ヨドコウ迎賓館

「芦屋マダムに鎌倉大人」という言葉があった。名流夫人の東西代表という意味である。いまでも関西圏の「住みたい街」ランキング上位は芦屋、夙川、宝塚など、ほとんど阪神間から選ばれている。東急の五島慶太《けいた》が田園調布を拓くにあたり阪急の小林一三《ばやしいちぞう》を招いたように、日本における郊外住宅地開発は関西、ことに阪神間が先んじており、阪急はたんなる鉄道会社ではなく「私鉄文化」そのものを創出したといえよう。いまの阪急の惨状からは想像しにくいが、かつては非常に文化的な企業だったのだ。

その阪急神戸本線芦屋川駅のホームから山側を見ると、芦屋川左岸の切り立った崖の上に大きな邸宅が見える。櫻正宗で知られる酒造家・山邑家の別邸として建てられた国指定重要文化財、旧山邑家住宅である。

阪神間は高級住宅地であるとともに「灘五郷《なだごごう》」と呼ばれる古くからの酒どころだが、江戸初期にさかのぼる歴史を有する同家は老舗中の老舗。酒造に欠かせない硬

左上：シンメトリーな４階食堂。木製装飾は構造上必要なものではないが、きわめて効果的である。　左下：３階の主寝室には、復元されたデスクと椅子が置かれている。　右上:3階には和室が３室連なっている。欄間には葉をモチーフにしたといわれる緑青仕上げの装飾が施される。　右下：地形を活かし、随所に階段や段差が組み合わされ、ラビリンス感を醸し出している。

水「宮水《みやみず》」を発見したのは、同家の六代目山邑太左衛門であると伝わる。

八代目太左衛門が帝国ホテル建設のため来日中のフランク・ロイド・ライトに別邸の設計を依頼し、1918（大正7）年に原設計ができあがったが、ライトはその後1922年に帰米してしまうので、実際の設計監理はライトの弟子の遠藤新と南信《みなみまこと》が行った。

地形を活かすに巧みといわれるライトの真骨頂が発揮されており、芦屋川渓谷が大阪平野に流れ込むまさにその場所の急峻な崖の上、段々状の敷地に沿って建てられている。門から東側ファサードに沿って南へ進むと、大谷石をふんだんに用いた水盤が特徴的な、印象深い玄関に至る。一階は玄関のみ、すぐに階段で上階へ導かれ、迷路のごとき様相を呈する。室内外にライトの特徴である幾何学的で彫りの深い装飾が施され、その濃密な空間構成はほかに例を見ないほどである。

戦後は淀川製鋼所の所有となり、社長邸

玄関の真上２階が広大な応接室。北側に煖炉、東西に一枚ガラスの大窓を配している。

上：45度傾けた正方形の窓にライト的な格子がはめられている。
下：照明も創建当時からのオリジナルで、既製品は使われていない。

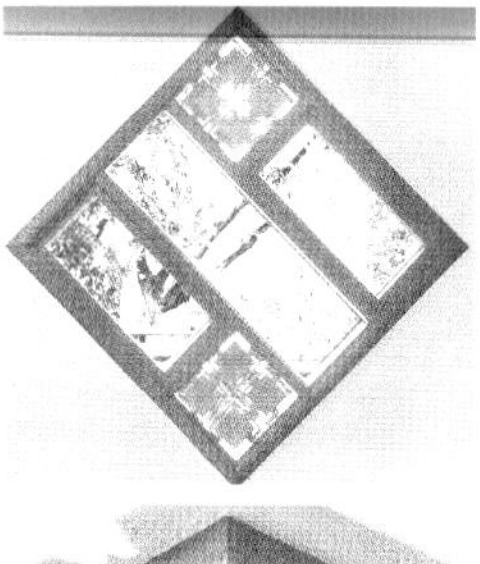

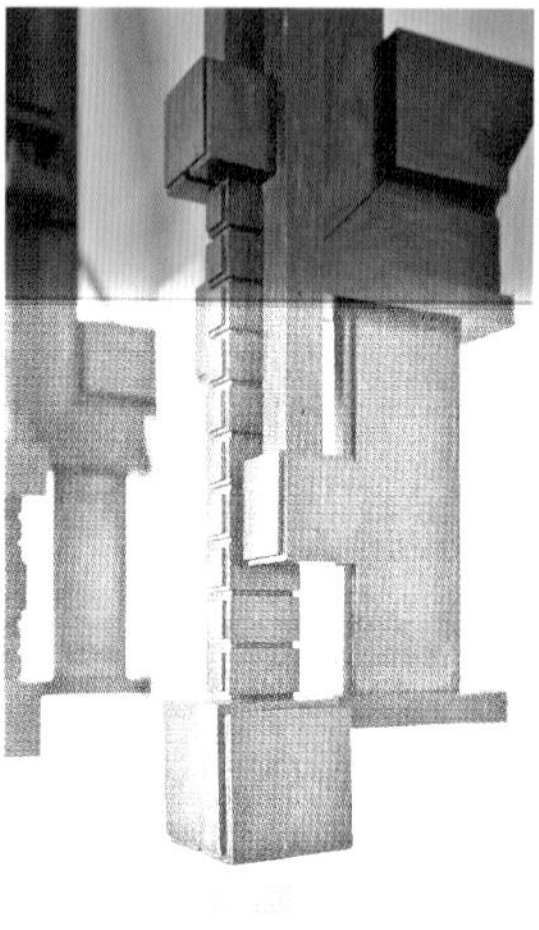

左：構造上ほぼ必要がない箇所でも妥協しないのがライトである。　右：洗面所はガラス管を並べて、そのあいだから水が排出される古風なもの

上：芦屋川対岸の高台より。全景を見ることがきわめて難しい建物である。　下：東側から玄関車寄せを見る。巨大な花台が印象的。

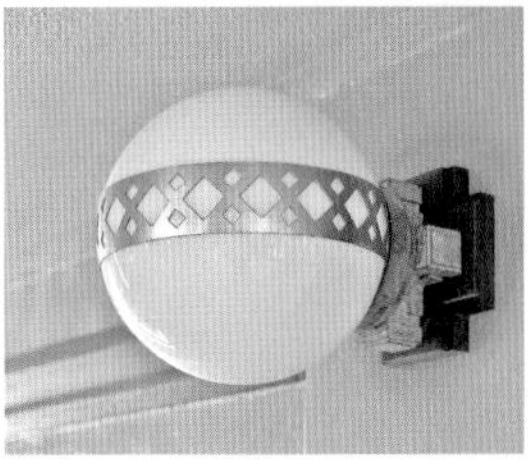

上：かつては水が流れていた玄関の水盤。
下：創建当時からの照明。

3階廊下は日差しの変化によって影が移ろう。当時の米国では珍しい外開き窓である。

旧山邑家住宅

現・ヨドコウ迎賓館

所在地：兵庫県芦屋市山手町3-10
竣工年：1924年
設計者：フランク・ロイド・ライト
施工管理：遠藤新・南信
国指定重要文化財

や社員寮として使われたが、一時は取り壊しの危機もあった。建築家や市民による保存運動の成功の先駆例であり、大正期の建物として最初の、そして鉄筋コンクリートの建物として最初の国指定重要文化財となったのである。

淀川製鋼所によって大切に、美しく維持されており、土日を中心に一般公開もされている。最上階の食堂とバルコンでのパーティに参加したことがあるが、大阪湾一望に嫌でも気宇壮大な気分になれる。往時の阪神間の優雅で文化的な雰囲気を味わえた気がした。

自由学園東久留米キャンパス

旧甲子園ホテル

現・武庫川女子大学甲子園会館

遠藤新

フランク・ロイド・ライトの高弟として知られる遠藤新は、ライトの設計思想を巧みに表現した。

左：ホテル時代のパンフレット。　下：正面ファサード。中央のバルコンは宿泊した皇族が市民に手を振ることもあったという。

自由学園東久留米キャンパス

自由学園は創立13年目の1934（昭和9）年には東久留米市の南沢《みなみさわ》に移転した。羽仁夫妻の教育方針が支持され、学園が急速に拡大したからである。その新たな校舎群はライトの高弟である遠藤新が手掛け、のちにはその息子・遠藤楽《らく》の作品も加わる。自由学園はライト、新、楽と三代にわたる建築家の作品を残す、建築史的にもたいへん価値あるキャンパスなのだ。

その南沢キャンパスは、武蔵野の広大な敷地に低層の建築が点在するという贅沢《ぜいたく》な空間を構成する。神田界隈のようにキャンパスが存在せず、街路に面してビル型校舎が並ぶだけの大学も少なくないなか、このあまりの違いには驚愕し、教育に大切なのは「場」であり、「豊かな空間」であるとつくづく思わせられる。いい教師といい本があればとりあえず学校はできるだろうが、それだけでは決して十分ではないのだ。芝庭を囲むキャンパス配置は、ヴォーリズの関西《かんせい》学院にも相通ずる。

遠藤建築が凝縮した女子部講堂。

左：男子部体操館内部。採光窓や梁に遠藤らしさが見てとれる。　右：初等部食堂。外観はお寺の本堂のようにも見える。創建当初は甲子園ホテルのシェルライトと同型のものが室内に取り付けられていた。

全面移転に先立つ１９３０年、新設の初等部（尋常小学校）が遠藤新の手により竣工している。正面に寄棟《よせむね》屋根の食堂、その両翼に平屋の教室を配置する構成は明日館と共通するし、要所要所に大谷石を用いる手法もライト譲りだが、しかしデザイン的には決してライトのコピーではない。甲子園ホテル以上に遠藤の個性が発揮されているのは、低予算の木造校舎で、施工するのも地元の大工だったという事情も奏効しているのではと思える。西洋建築に精通しているわけではない職人でも施工できるようにとの工夫が、ライト式ならぬ新《あらた》式の萌芽となったのかもしれない。

それに対して、１９３４年の女子部は南沢で最も明日館に似ている。しかし食堂と体育館を向き合わせ、校舎と廻廊で閉鎖されたパティオを作る手法は神戸女学院にも見られる。女子部という性格がそうさせるのだろうか。70年以上増改築がなく、シンメトリーを保っているのも素晴らしい。

戦後の建物だと、楽の作品である図書館

左：柱の印象を与える男子部体操館両翼のアーチ。　中：弧を描くデザインで優雅さを演出する男子部体操館の内部。
右：唯一、明日館と同じデザインの女子部にある外灯。

すべて女子部の施設。　左上：体操館は全面的に改装されている。左下：体操館と大芝生。　右上：中央に位置する食堂の内部。　右下：明日館に最も近い外観の食堂。　左に写るのは時を知らせるチャイム。

自由学園東久留米キャンパス

所在地：東京都東久留米市学園町1-8-15
竣工年：1930年
設計者：遠藤新・遠藤楽
女子部が東京都選定歴史的建造物

が小ぶりながらも楽しい造形で、たしかにライトのＤＮＡを感じさせられる。

有産階級の社交場である甲子園ホテルと比べると、学舎から受けるのは洗練された簡素の美である。広い敷地の巧みな使い方は、ヴォーリズとともに「教育空間」への深い洞察が感じられる。森のような敷地を、ときに石段のある小径をたどる贅沢なキャンパス。周囲の学園町の街並みともども、後世に伝えてほしい「場」である。

旧甲子園ホテル

現・武庫川女子大学甲子園会館

太陽高度が低くなると陽が射し込み、冬至に上段の小槌の彫刻中央に光が当たる。

甲子園は武庫川《むこがわ》の支流・枝川《えだがわ》を廃川にした跡地を阪神電鉄が取得したことに始まり、甲子園駅を中心にテニスコート、プール、海水浴場、遊園地などを備えた一大リゾート住宅地として開発された。1924(大正13)年に甲子園球場が落成。その年の干支「甲子《きのえね》」から甲子園と命名され、昭和初期にかけて発展したのである。

幅広い歩道を備えたメインストリートに路面電車を通し、一区画はときに1000坪を超える。戦後の新興住宅地とはまったく違い、浜甲子園から甲子園口駅北側まで広範囲に洋館や数寄屋造の邸宅が見られる、閑静な街並みが続く。

そのリゾート邸宅地開発の掉尾として、阪神電鉄は帝国ホテル支配人・林愛作に依頼しホテルを建設することにした。設計はフランク・ロイド・ライトの愛弟子・遠藤新。彼は師の手法を完全に自家薬籠中のものとし、さらに自らのエッセンスを加える

西ホール中央の大谷装飾は氷柱を表したもの。全館に輝くアール・デコ様式である。

南側ファサード。このあまりにも素晴らしいバルコンでは映画のロケもよく行われる。筆者（北夙川）も、『科捜研の女』のロケにエキストラ出演したことがある。

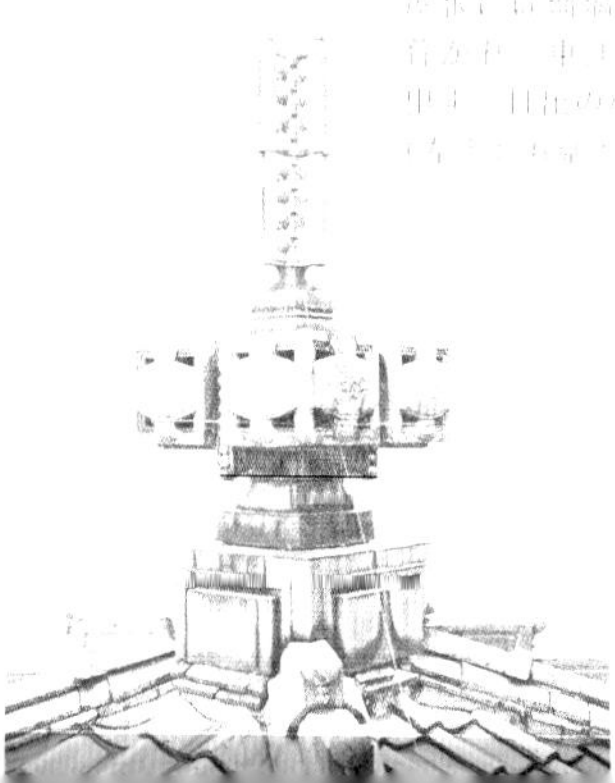

西ホール外壁に並ぶ白亜石のレリーフも、アール・デコ化した[illegible]のデザインである。

玄関ホールの日華石製の柱は、師であるライト譲りの装飾で埋め尽くされている。

かつてダイニングルームだった建築学科1年生のスタジオの天井装飾は、旧山邑家住宅食堂の天井によく似る。

照明の多くは戦時供出などで失われていたが、図面を基に復元されている。

西洋人の宿泊客も多いホテルだったが、客室は和室がメイン。現在は茶室となっている。

ことに成功した。１９３０（昭和５）年に竣工、広大な庭園に囲まれたファサードはどの角度から見ても隙がなく、美しい。

帝国ホテルは大谷石だが、甲子園ホテルは同じ凝灰岩《ぎょうかいがん》でも日華《にっか》石が主となっている。石とタイルに覆われ、緑釉瓦が葺《ふ》かれ、ホテルでありながら東洋的な雰囲気をまとうその姿は、まさに「昭和モダン建築」といえよう。

正面玄関は鉄製回転ドア、見事な装飾が施された石柱の並ぶ廊下、そしてロビー。ロビーの奥は一面のガラス戸で、庭園を臨む。煖炉のデザインは一つひとつ異なっている。外観、内観とも打出の小槌のモチーフが随所に現れるのは、隣の芦屋市に打出浜《うちではま》があることも影響しているのだろう。山田耕筰もタクトを振った西ホール（旧宴会場）の金色の天井は圧巻である。満洲国皇帝・愛新覚羅《あいしんかくら》溥儀をはじめ、世界のＶＩＰを迎えた日本を代表するホテルの一つであった。

しかし、１９４４年には海軍病院として

左上：事務室と廊下を仕切る窓には打出の小槌のエッチングガラスがはまる。　中右：随所に繊細な装飾が施されている。　中左：窓枠には滑車が組み込まれている。いまでは修復も難しい上げ下げ窓である。左：建築専攻の院生が写真から復元した、遠藤新デザインの椅子。　右上：煖炉のデザインは一つひとつ異なっている。　右下：バーだった部屋の床は泰山タイルが敷かれる。一部わざと裏返しにするなど、遊び心満載。

徴用された。野坂昭如氏の「火垂るの墓」で、空襲で大怪我をした主人公の母が亡くなる「海軍病院」はここである。陸軍と違い海軍はお洒落で、ホテル時代と変わらず水兵のボーイが給仕するコース料理が供されたという。

敗戦後、1957年まで進駐軍の将校倶楽部とされ、その後は大蔵省の所管となるが放置され荒廃していた。1965年に武庫川学院が取得し、長い年月をかけて少しずつ復元整備されて、現在に至る。2006年には女子大学として唯一の建築学科を設置、2020年には建築学部となった。建築学徒にとって、稀有なる環境であろう。

旧甲子園ホテル

現・武庫川女子大学甲子園会館

所在地：兵庫県西宮市戸崎町1-13

竣工年：1930年

設計者：遠藤新

国登録有形文化財・経済産業省近代化産業遺産

COLUMN:

郊外と都市文化

本書では東京圏と京阪神圏の昭和モダン建築を対比しているわけだが、その時代の都市圏では「郊外」が大きなキーワードとなる。

明治維新で日本の社会は大きく変わった。そして明治も後半になると、江戸時代を知らない、近代になってから生まれ、教育を受けた世代が社会の中心になってくる。まだまだ貧富の差の激しい社会ではあったが、ある程度、階級の流動性も生まれ、貧しく生まれてもチャンスがあれば高等教育を受けたり、社会階層を上がったりすることが可能になった。そして、それまで有産階級と庶民しかいなかった社会に、無産中流階級＝サラリーマンと呼ばれる都市中間層が登場する。大正時代には、彼らがエロ・グロ・ナンセンス、モボ・モガといった新しい都市文化の担い手となっていったのだ。

芸術の世界でも、それまでの欧州の「権威」の模倣、正統主義一辺倒から脱し、「前衛」が生まれていった。

また、一気に工業化が進み、明治後半には大阪は「東洋のマンチェスター」「煙の都」と称《たた》えられるようになっていた。繁栄を謳《うた》う詞《ことば》ではあるが、つまりは公害で都心部の住環境は大きく悪化したのだ。

明治後半から大正にかけて、大阪都心から私鉄路線が郊外に向けて放射状に延びていった。ほぼ同時代のイギリスでエベネーザー・ハワードが唱えた田園都市論がいち早く日本にも導入され、郊外は農村からまず有産階級の別荘地、そして中・上流階級の住宅地へと変貌していったのである。

彼らの多くは高等教育を受けたインテリで、そして欧米の文化への強い憧れを抱いていた。そこから新しい文化が生まれたのは当然で、それがのちに「阪神間モダニズム」と呼ばれる大きなうねりとなったのである。

すべての地名を挙げると膨大になるのでごく一部のみ紹介すると、西宮七園をはじめ、尼崎市の武庫之荘、宝塚市の雲雀《ひばり》ヶ丘、川西市の花屋敷、芦屋市の六麓荘《ろくろくそう》、神戸市の住吉山手、御影、塩屋、阪神間外になるが堺市の浜寺、大阪市の帝塚山、八尾市の山本、京都市の下鴨や松ヶ崎など、いずれもこの時期に開発され今日に至る、優良な環境を誇る郊外住宅地である。

建築の面でいうと、「地元の工務店」ではなく当時としても名のある建築家の住宅作品が多く残され、また計画的に拓かれた住宅地の多くが電線地中化、歩車分離、広い街路など、今日の水準で見てもたいへん立派である。それが阪神間の社会資本となっている。田園調布、常盤台《ときわだい》など、関東でもそれは同じだろう。

しかるにいまや、それを食いつぶすだけの、「街づくり」と称する「街壊し」ばかりになってはいないだろうか？　文化国家と称するには、歴史的蓄積を活かせる文化水準が必要だと思うのだが。

W.M.ヴォーリズ

旧佐藤新興生活館

現・山の上ホテル

東

アメリカン・アール・デコら[illegible]ード。

旧矢尾政

現・東華菜館

来日してから亡くなるまで
日本で過ごしたヴォーリズは、
1000を超える洋館を建てた。

炸裂する
で西仏料理
を思い出させる。

山の上ホテルの外観を特徴づける尖塔部分。

ロビーやバーの腰壁に施工されたコペンハーゲンリブとウォールライト。

車寄せの上部に施された、最もアール・デコらしい装飾。

旧佐藤新興生活館

現・山の上ホテル

関西人から見て関東の羨ましいところは、クラシックホテルが多いという点だ。意外なことに近畿には老舗旅館はたくさんあるが、クラシックホテルは奈良ホテルをはじめ数えるほどしかない。旧宝塚ホテルは破壊され、移転先は貧相な張りぼてで、「宝塚大劇場の大道具さんが建てたのではないか」と言われる始末なのだ。

「文人の宿」として知られる山の上ホテルは神田駿河台の、表通りから少し入った丘の上にある。元々は佐藤新興生活館として1936（昭和11）年に建てられた。施主の佐藤慶太郎は筑豊の炭鉱王として成功した実業家だが、カーネギーの言葉「富めるまま死すは不名誉なり」を座右の銘とする篤志家にして社会運動家でもあり、衣食住、家庭経済、風俗習慣などの改善を研究実践する大日本生活協会を設立。その拠点の設計をヴォーリズ設計事務所に託したのである。

佐藤久勝亡き後のヴォーリズ事務所のアール・デコとして見ると、心斎橋大丸や

玄関ホールのカーペットが剥がされ姿を現したテラゾーは、美しく修復された。

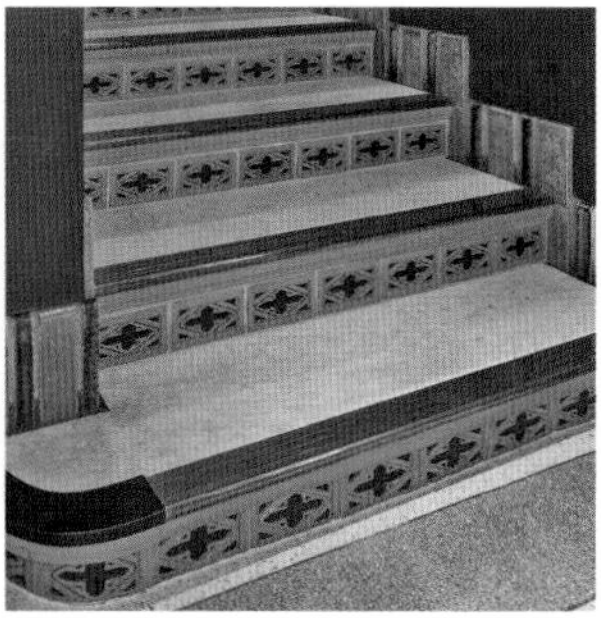

左：エレベータのインジケータの原図から起こされた新作の階数表示。　右：階段もカーペットが剥がされ、タイルが復元された。

東華菜館との違いが大きいことがわかる。絢爛たる装飾は影を潜め、簡素さと洗練が前面に出る。外観もよりモダニズムに近づき、ニューヨークの摩天楼に見られるようなアール・デコ・スタイルの塔を除けば、目立った装飾はない。

ご多分に漏れず戦時中は帝国海軍に徴用され、戦後はＧＨＱが接収、陸軍女性部隊の宿舎とされた。

１９５４年、実業家・吉田俊男が建物を借りホテルにするに当り進駐軍時代の愛称「ヒル・トップ」を「山の上」と訳し屋号にした。

２０２０年春、長らく休業しての大改装が終わって、待ちに待った新装オープンとなった。筆者も早速泊まりに行ったが、以前にもましてレトロ感が深まり素晴らしい出来栄えであった。設計管理は一粒社ヴォーリズ建築事務所、施工は宮人工の流れをくむ佐藤秀で、オリジナルの尊重・復元が第一とされ、モザイクタイル、壁の色、桜材の家具など、ホテル開業時のコン

左：塔屋の中という最も個性的な旧601号室は、現在使用されていない。(山の上ホテル所蔵)　右：天井に映る影が美しい 403 号室応接間の天井灯。

セプトも継承されている。

玄関を入ると、シックなロビーである。床の絨毯が剝がされ、オリジナルのテラゾー(人造石研ぎ出し仕上げ)が修復され美しい姿を見せている。エレベータ周りのマーブルも美しい。チェックインは一組ずつ、ソファーに座って行う。

パブリックスペースでは主階段の螺旋が見所。ここも装飾ではなくデザインで魅せており、黒大理石の手すりが弧を描く様は溜息が出るほど。階数表示は新作だが、設計原図からエレベータのインジケータのフォントを起こしたもの、つまりオリジナルデザインの再現なのだ。

35室のプチホテルだが、客室は一室一室凝っている。階段状の建物を活かし、スイート403号室とデラックスツイン406号室には小庭園があり、しょっちゅう野鳥が水を飲みにくる。

各室に置かれたアメニティも全て見直され、早速人気を博している。ルームサービスの朝食は恭しく運ばれ、大の男が食べ

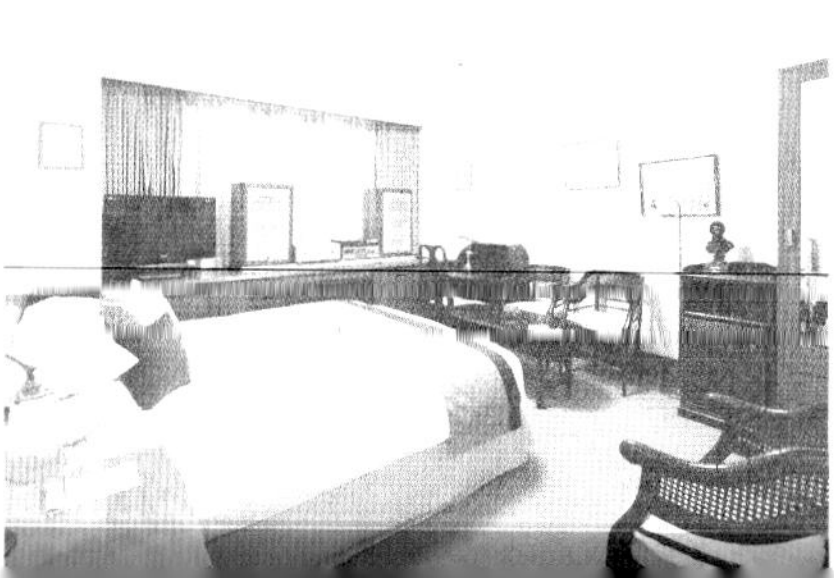

缶詰になって執筆した文士たちが一息入れたバー・ノンノン。

きれないほどのボリュームだった。
　プチホテルでありながら飲食店が七つもあるが、今回の改装ではレストランに直接入る玄関を廃し、ホテル玄関に集約された。有名な天麩羅「山の上」は美しさはそのままに拡張され、中華「新北京」は和アール・デコとなり、仏「ラヴィ」は旧貴賓室のエキスが再現されている。多くの文人墨客が止まり木に並んだバー「ノンノン」も外せない。酒を飲まない私だが、文人の端くれとしては、ここでひと時過ごしにくなった。ノンアルコールカクテルも充実している。バーテンダーの手さばきだけで酔えるというものだ。

旧佐藤新興生活館

現・山の上ホテル

所在地：東京都千代田区
　　　　神田駿河台 1-1
竣工年：1936 年
設計者：ヴォーリズ設計事務所

左：天井の装飾や壁面の木製パネルなど、竣工時の図面を元に貴賓室の意匠を再現したメインダイニングの「ラヴィ」。　右：和洋中とアール・デコの意匠を融合させて生まれ変わった「新北京」。椅子はヴォーリズ事建築務所でデザインされたものを特注で復元。

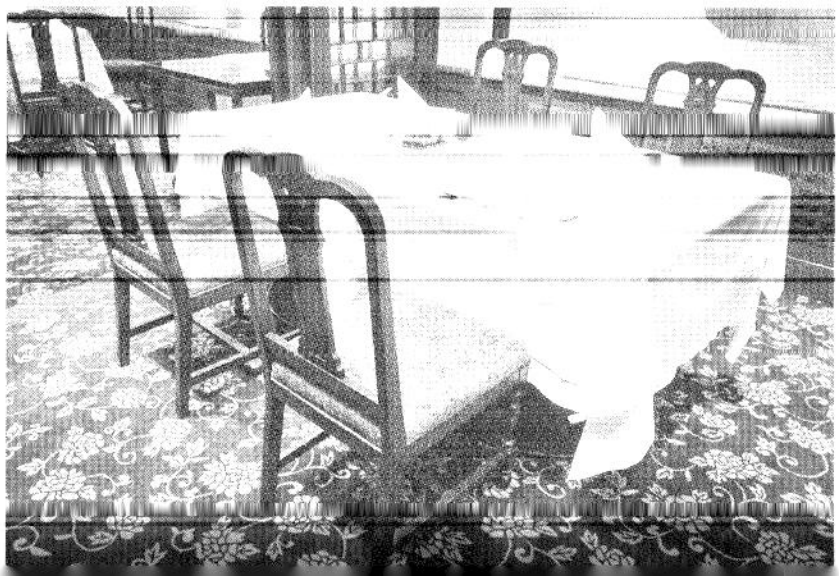

京都の目抜き通り四條通。「京都の臍」に当る四条河原町交差点から東へ向かうとすぐ、祇園へ渡る四條大橋となる。その袂に高く塔を掲げるスペイン・バロック様式の大廈、それが東華菜館である。鴨川右岸に聳えるその姿は京都市民なら知らぬ者のない、京都を代表するランドマークの一つだろう。

元々は１８９２（明治25）年頃に牡蠣料理店として創業した、木造三階の『矢尾政』であった。二代目店主浅井安二郎が更なる発展を期し、ヴォーリズ設計事務所に依頼して１９２６（大正15）年に竣工したのが、現在の高楼である。その時屋号はそのままに、南仏料理店となった。

その後１９４５（昭和20）年の敗戦により、焼け残った目ぼしい建物の多くが進駐軍に接収されることになった。しかし浅井は接収されるぐらいならと山東省煙台出身の朋友、于永善に建物を託した。北京料理店「東華菜館」の誕生である。

外観はスパニッシュ・バロックの真髄た

旧矢尾政

現・東華菜館

四条大橋から見た東側ファサード。夏には床（ゆか）が張り出す。隣の木造三階は料亭「ちもと」。

る豊穣な装飾に覆われ、絢爛豪華という言葉はこのためにあるのかと思うほど。そして内装は、洗練されたアメリカン・アール・デコ。その見事な構成力は佐藤久勝の本領が如何なく発揮されたもので、中華料理店となっても全く違和感がない。

　ヴォーリズ事務所のデザインになる家具調度も随所に残り、趣を増している。一階に置かれた照明付きの衝立とベンチ、エレベータホールの灰皿台など必見である。また、新たに飛騨の匠に作らせたヴォーリズ風デザインのコート掛もある。特に見所は過剰なまでの装飾に覆われた玄関周り。実は前身の南仏料理の食材なのだが、そのまま中華料理の食材でもある。そして竣工当時のまま活躍している米ＯＴＩＳ社製

モザイクタイルで葺かれた塔は、鴨川対岸からも目立つ。内部はエレベータ機械室である。

正面は北側だが、鴨川に面する長大な東側ファサードにもびっしり装飾が施されている。

上：絢爛にして濃密なるアール・デコ装飾とランタンが違和感なく調和する４階大広間。　下：華麗なるアール・デコ模様が彩色された４階大広間の天井。定期的に塗り直しが行われる
左：大丸心斎橋店の古写真にも似たものが写っている、当時物の電灯組込衝立。

の自動着床装置付き手動エレベータは、針式インジケータ、蛇腹扉、ハンドル一丁で運転するスタイルで、もう日本ではなかなか見られない。二階の個室は一室一室意匠が違うし、大中小の宴会場も皆デザインが異なる。そしてその全てが洗練されている。

現在は三代目になる長兄の于修忠氏ら「宋家の三姉妹」ならぬ「于家の三兄弟」が切り盛りしている。彼らは軽佻浮薄な今風に染まることを良しとせず、時代に媚びず、料理も建物も創業以来のスタイルを大切にしつつも研鑽を怠らず、新たな味を追求し続けている。デザートの杏仁豆腐や芋の飴煮など単純な料理の味わいの奥深さ、メニューにはない特別料理のものすごさ、いずれもただものではない。和の街の西洋館にして中華の老舗。これぞ京都なのである。

東華菜館主催の晩餐会には毎年参加しているが、客層も多岐に渡る。両隣が作家の綾辻行人氏と映画監督の林海象氏だった時には仰天した。

実際、京都人と話していると、子供の頃

左：現役として本邦最古級の手動式エレベータはOTIS社製。重量制限はポンド表記である。　右上：2階の個室の扉には右から「使用中」と書かれた当時の鍵が残っている。右上から2番目:3階広間の床は寄木造となっている。　右上から3番目：正面玄関のアーチ窓の内側は、2階の個室の一つとなっている。　右下：階段は足音が立たないよう、当時最新素材のラバータイルが用いられている。

家族で会食した、披露宴に出席した、予餞会をした、同窓会をしたなど、ここでご馳走を食べた思い出を持つ人が非常に多い。それは百貨店と同じである。

教養と高い美意識、そして優れた見識を持つ経営者により大切にされている姿はまさに理想。文化とは一朝一夕にはならないのである。そしてこのクラスの酒楼としては、かなり良心的なお値段でもある。上洛の折にはぜひ訪ねていただきたい。

旧矢尾政

現・東華菜館

所在地：京都市下京区四条通木屋町東入ル
竣工年：1926年
設計者：ウィリアム・メレル・ヴォーリズとヴォーリズ設計事務所（主任ドラフトマン：佐藤久勝）

J・H・モーガン

根岸競馬場跡

東

存する競馬場

旧チャータード銀行神戸支店

現・チャータードビル

1920年、アメリカから来日したモーガンは、全国で30以上の建築設計に携わった。

威風堂々たるイオニア式列柱を持つ、典型的な銀行建築である。

日本の競馬の歴史は古い。上賀茂《かみがも》神社では1093年より毎年5月に賀茂競馬《くらべうま》が開催されている。しかし近代競馬は幕末1860年の横浜居留地に始まり、1968年には神戸居留地がそれに続いた。160年余の歴史である。

横浜競馬場は根岸競馬場とも呼ばれ、現在残る遺構は1929年竣工、横浜で活躍したアメリカ人建築家モーガンによって設計されたものである。しかし1943年に帝国海軍に売却され、敗戦後は進駐軍に接収された。

1969(昭和44)年には接収解除となったが、老朽化のため二等馬見所（スタンド）が解体され、残るは一等馬見所のみとなっている。2009年に経済産業省の近代化産業遺産指定を受けたが、侵入防止フェンスに囲われて放置されたまま、事実上廃墟状

尖塔の丸窓周囲を飾る月桂樹様のレリーフは圧巻。

ツタが繁殖しディテールは見えにくいが、3本の尖塔が印象的な現在の一等馬見所外観。

根岸競馬場跡

態であり、何とももったいない。

　長年使われていないゆえ、当時のエレベータも、進駐軍時代の英文表示もそのまま残されている。根岸公園には馬の博物館があるが、このスタンドもあまり改変せずに補修・補強して、貴重な近代競馬史の生き証人として活用してほしいと願っている。一等スタンドは、洋装・和装を問わず正装でなければ入場できなかったところである。何とも横浜らしい、お洒落な空間として活かせると思うのだ。

灰色の朽ちたる塔に蔦絡み根岸の海は霞みて見えず

根岸競馬場跡

所在地：横浜市中区根岸台
（根岸森林公園内）
竣工年：1929 年
設計者：ジェイ・ヒル・モーガン
経済産業省認定近代化産業遺産

1930（昭和5）年当時の競馬場観覧席全景。現存するのは左側の一等馬見所。

一等馬見所（右）と二等馬見所の外観。手前に写るのは厩舎。現在は公園となっている。

一等馬見所内のレストラン。

海岸通を挟んでかつては直接
港に面していた正面ファサード。

旧チャータード銀行神戸支店

現・チャータードビル

コロナ禍が広がるまでは、アーティストとしての私の所属画廊が、このビルの裏口を入って階段を上がった「中二階の下」にあった。このビル、正面側は一階が二層分の吹き抜けなので三階建てだが、裏側は五階建てになっている。そこで中二階の下とややこしい書き方をせざるをえないのだ。

英語では〝The Bund of Kobe〟になるが、旧外国人居留地の海岸通に威風堂々たる古典様式のファサードを向けているのがチャータードビルである。イオニア式の柱頭を持つ優美なジャイアントオーダーが三本並び、その両脇には木製の回転扉が見る者を中に誘う。もともとは香港上海銀行とともに大英帝国の東洋支配を金融面から担ったチャータード銀行（現スタンダード・チャータード銀行）神戸支店として、アメリカ人ジェイ・ヒル・モーガンによって１９３８（昭和13）年に建てられた。近代建築としては最末期だが、あくまでも銀行らしく新時代のスタイルではなく、端正な古典主義デザインである。かつては蛇腹

ライトアップされた夜間も美しい。

左：ペディメント（破風）を持つ入り口の奥には木製の回転扉が隠されている。　中：イオニア式柱頭、コーニス、その上に壺飾りと、古典主義に則った構成である。　右：玄関脇の門燈は当時のものが残されている。

扉の手動エレベータが残っていたが、その針式インジケータは欧州式に「G－1－2」であった。地上階は〝ground floor〟だったのだ。

少年時代にこの銀行を訪れた神戸華僑の大立者であった作家陳舜臣の随想によると、戦前のこの界隈は完全に「外国」で、とくにこの銀行はまったく日本離れした雰囲気だったという。

戦後はユダヤ系の富商デビス商会の所有となった。前世紀末には荒廃して廃墟同然と化していたが、居留地の再興とともにこのビルも美しく修復され、カフェ「E.H.Bank」、画廊カノェ（ギャラリー1）、学生時代からの私の行きつけで、お洒落古着の草分けである「突撃洋服店」などが次々と入居していった。

1980年代、旧居留地の近代建築群はその価値を顧みられず、OA化に対応できない老朽ビルといわれ、ゴーストタウンと化しつつあった。しかし1980年、学生だった私も中心メンバーの一人として

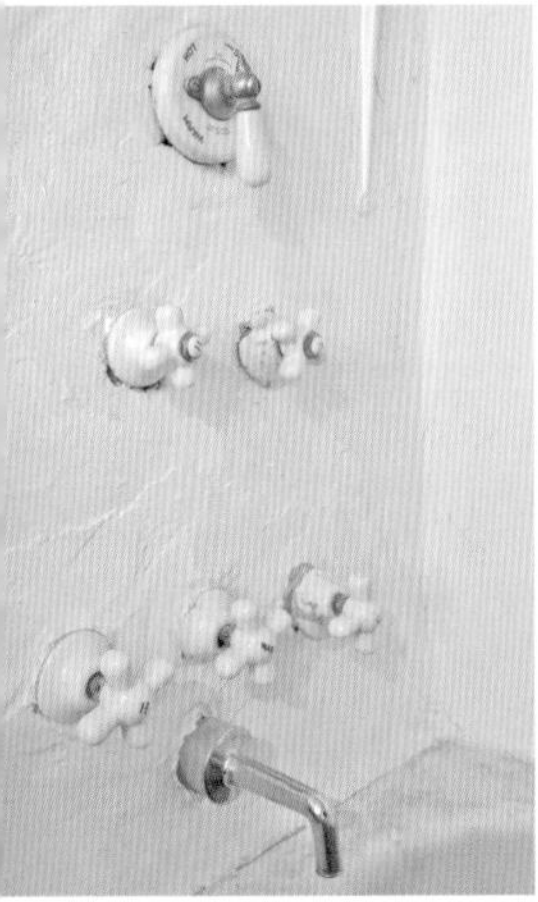

「中２階の上」にあった
画廊事務室は、かつて
の支店長用浴室である。

左：裏口からかつての
役員用スペースである
中２階に昇る階段。隠
れ家的雰囲気が漂う。
右上・右下：カフェとなっ
ていた旧営業室には金
庫室が残されている。

旧チャータード銀行神戸支店

現・チャータードビル

所在地：神戸市中央区海岸通９番地
竣工年：1938 年
設計者：ジェイ・ヒル・モーガン
経済産業省認定近代化産業遺産
※コロナ禍により、テナントはスポーツ用品店「アークテリクス」を残して撤退。

活動した旧商工会議所保存運動を転機として、その歴史的景観を活かした街づくりが行われるようになり、居留地は再生した。いまでは最も神戸らしい、お洒落なエリアとなっている。以来四半世紀以上、近代建築と都市の歴史的景観の保存と活用を訴え続けてきた。大半が負け戦だがめげずにやってこられたのは、最初にこの経験があり、「居留地を残したのは僕たちだ」という自負を持てているからだ、と思っている。

何とも蠱惑的な木製回転ドア。一気に気分は禁酒法時代のアメリカである。

PART

3

用途で見る

病院

聖路加国際病院

アール・デコとゴシックが見事に融合した礼拝堂側の外観。

甲南病院

（喪失）

明治に入ってキリスト教が流入するにつれ、モダニズム文化の影響を受けた病院建築が日本にも誕生した。

[illegible]より親しみやす
[illegible]、やさしい
[illegible]寄せだった。

聖路加国際病院

上：本館正面側の外観。半円六角の張り出し部分のみがほぼ原型で、それ以外はほとんどが改築されている。　左下：1936（昭和11）年に背面中央に増築された礼拝堂。（聖路加国際病院所蔵）

旧外国人居留地というと神戸が有名だが、横浜は関内、大阪は川口、そして東京は築地に設けられていた。おもに欧米人が居住したというその性格上、西洋文化の窓口となり、数々の文物が居留地を経て明治日本に流入したのだ。そのなかには医療も、キリスト教（とくにプロテスタント）もあった。

1874（明治7）年、スコットランド一致長老教会が健康社築地病院を設立した。しかし、中心的な医師ヘンリー・フォールズが1886年に帰国後は荒廃していたという。1902年、米国聖公会派遣の医師ルドルフ・トイスラーがそれを入手し、聖路加病院を設立、院長に就任した。1917（大正6）年には聖路加国際病院と改称。聖路

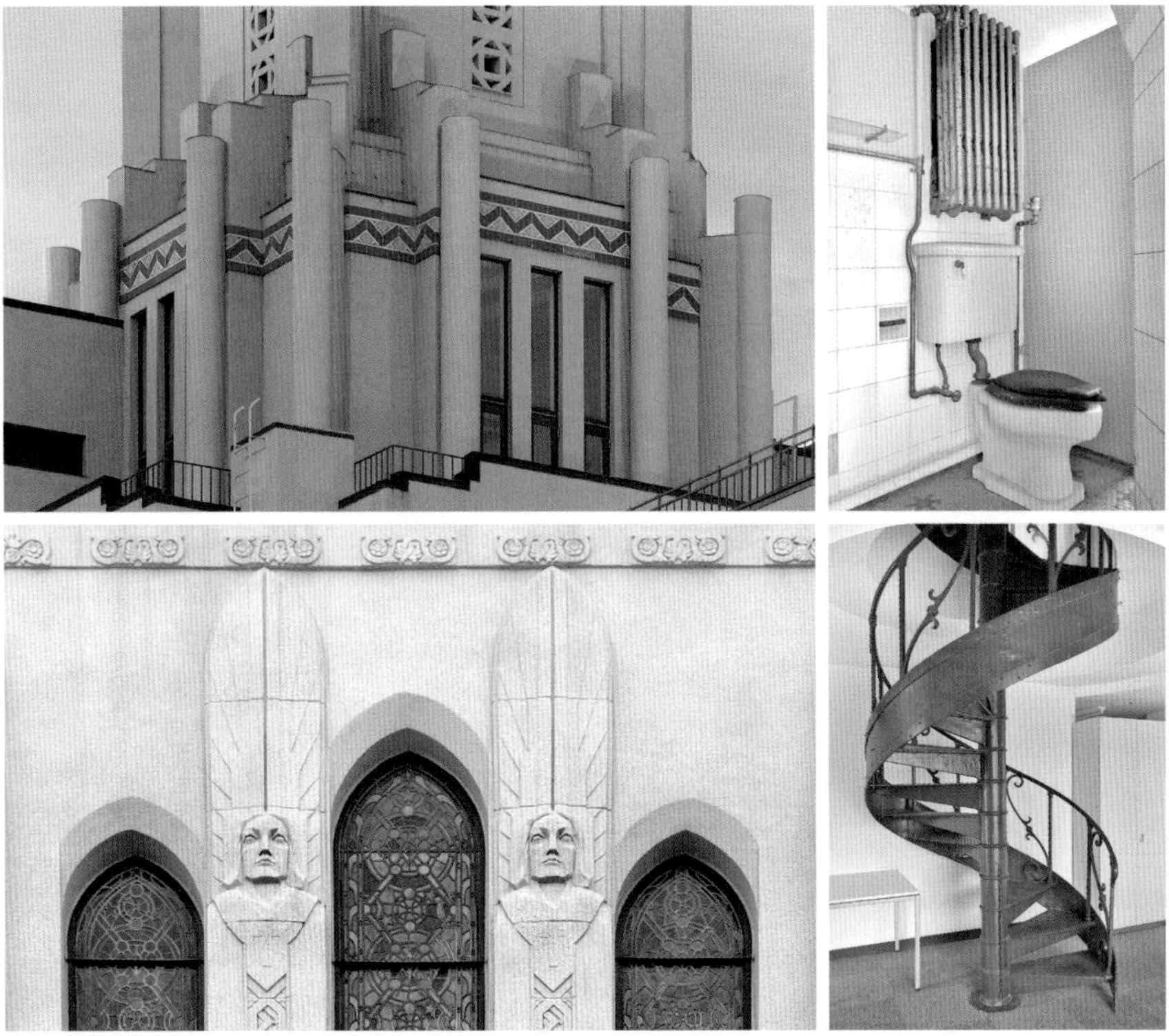

左上：トロピカル・デコをも連想させる尖塔下部。　左下：美しいレリーフが施された礼拝堂の壁面。　右上：塔屋下部のトイレ。巨大な暖房用ラジエターが目を引く。　右下：塔屋への螺旋階段最下部。

加とは聖ルカ、「新約聖書」「ルカによる福音書」の著者の漢字表記で「るか」と発音するのが正しいとされるが、病院名は「ろか」で広く知られている。使徒パウロが『新約聖書』「コロサイ人《びと》への手紙」で「親愛なる医者のルカ」と呼んでいることから、キリスト教系病院の名称によく見られる。

トイスラーの尽力で発展しつつあった聖路加国際病院であるが、1923年の関東大震災で崩壊した。青山学院の寮にて診療を継続、のちに仮病院を建てて再建まで耐えたのだ。

1933（昭和8）年に、藤山一郎の「夢淡き東京」で「かすむは春の青空かあの屋根はかがやく聖路加か」（サトウハチロー作詞）と歌われた病院が落成。同時に看護学校などを付属し、現在につながる総合医療機関としてスタートした。

設計は当初、アントニン・レーモンド、ヤン・ヨセフ・スワガー、ベドジノ・フォイエルシュタインという三人のチェコ人建築家によって進められたが、途中から

マホガニーで統一された
シックな印象の本館2階
ロビー。十字の天井灯
が礼拝堂を想起させる。

左上：天井の装飾が素晴らしい側廊の小礼拝堂。　左下：ヴォールト天井やステンドグラスが壮麗な礼拝堂。（聖路加国際病院所蔵）　右上：1988年に設置された、ガルニエ工房制作、パイプ総数2077本のパイプオルガンからは壮麗な調べが響く。　右下：築地という土地にちなんだ魚のステンドグラス。

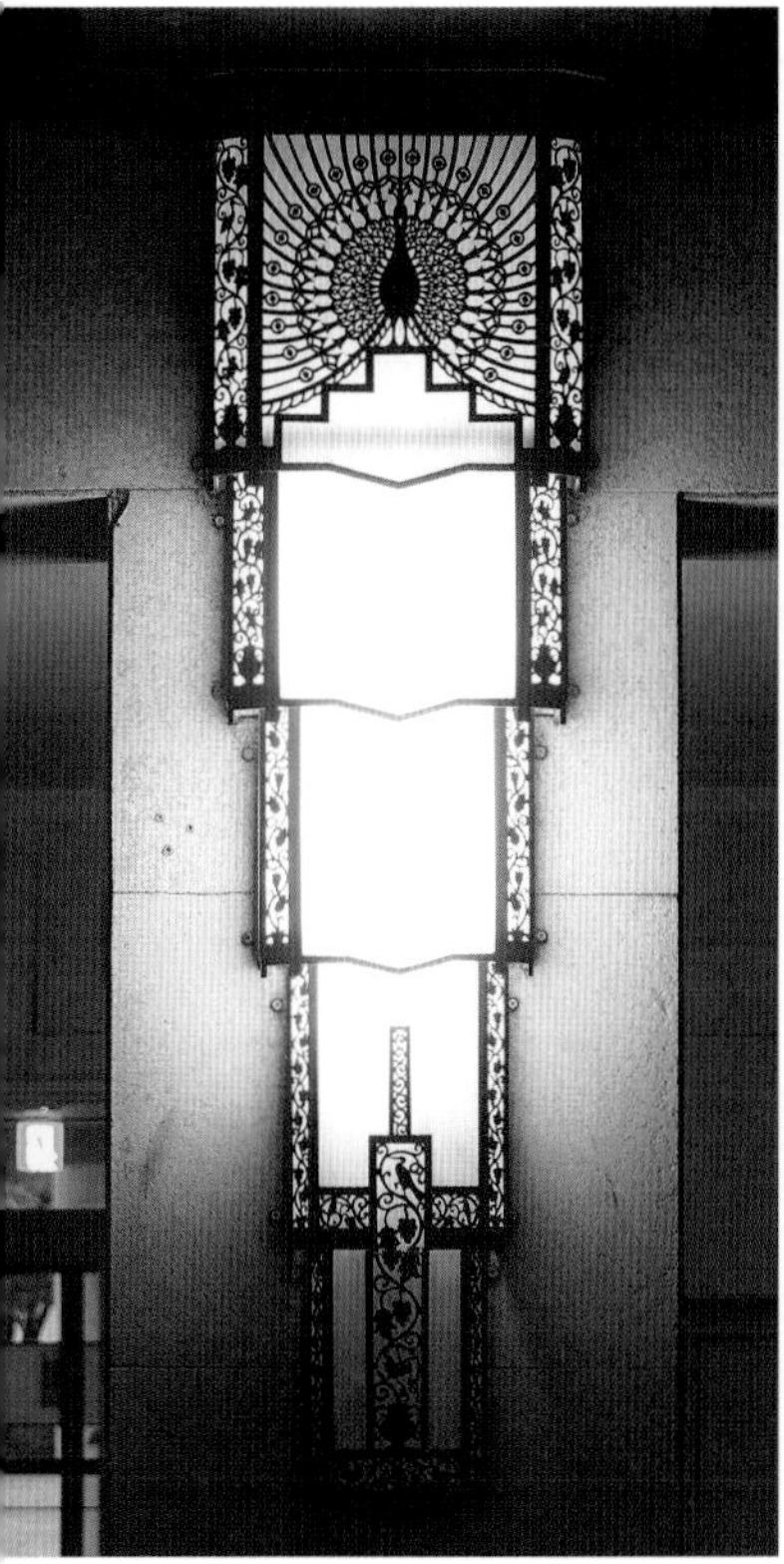

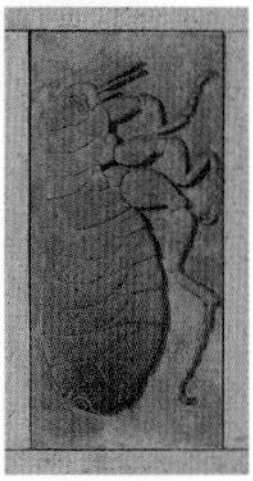

左と中上：美しい透かし彫りが施された本館１階の照明。　中２点：疫病の媒介となる虫を神の前に跪かせる意味が込められた壁面レリーフ。　中下：医療に潜む迷信への戒めを表すアラジンの魔法のランプの床レリーフ。　右：礼拝堂入り口の鍵穴もアール・デコ。

ジョン・ヴァン・ウィ・バーガミニーに交代した。ネオ・ゴシックを基調とする美しいアール・デコ建築で、そのシンボリックな外観は東京でも屈指のランドマークとなっている。20世紀末に建て替え計画が立てられ、１９９２年には新病院が竣工したが、旧館も中心部は内外装とも保存され、両翼の建て替え部も当初のデザインを引き継いでいる。とくに巨大な吹き抜け空間を見事なゴシック・ヴォールトが支える聖ルカ礼拝堂は非常に美しく、礼拝に参列すればステンドグラスから射し込む光を受けつつパイプオルガンを聴ける。礼拝堂前の床や壁には蝿や鼠など伝染病を媒体する動物、迷信を象徴するアラジンの魔法のランプなどがあしらわれ、踏みつけられるようになっているのもおもしろい。キリスト教精神がすみずみにまで活かされた、最先端を行く病院なのである。

聖路加国際病院

所在地：東京都中央区明石町9-1
竣工年：1933年（旧館）
設計者：アントニン・レーモンド、ヤン・ヨゼフ・スワガー、ベドジフ・フォイエルシュタイン、ジョン・ヴァン・ウィ・バーガミニー
東京都選定歴史的建造物

阪急電車御影《みかげ》駅の北側、六甲山麓の高台に聳《そび》える甲南《こうなん》病院は、港からでもよく見える神戸屈指の近代建築であった。政治家（文部大臣、貴族院勅撰議員など）で、実業家（川崎造船所社長などを歴任）で、教育者（甲南学園創立者）である平生《ひらお》釟三郎《はちさぶおう》により1934（昭和9）年に創立された。「悩める病人のための病院たらん」をモットーに、当初より完全介護だったという。平生は、灘購買組合（灘神戸生協を経て現コープこうべ）の設立にも関わっている。社会運動家でもあったのだ。現代の起業家には滅多に見られない一面である。貴紳顕官《きしんけんかん》の邸宅が並ぶエリアにあってなお、甲南病院は誰でも診察し、そのため赤字体質だったという。

設計者は工手《こうしゅ》学校（現工学院大学）出身の木下益次郎。平生が重役を務めた神戸川崎財閥（東京川崎財閥とは無関係）の拠点である神港ビルヂング、川崎病院なども木下の作品である。

正面玄関にはオリジナルの門燈が残っていた。

甲南病院

（喪失）

エントランス天井の採光ガラス。

セットバックする正面玄関周り。

旧居留地の神港ビルは、アメリカン・アール・デコの傑作として知られる。

　下界から南側ファサードがよく見えたが、正面は北側。階段状に飛び出す様はいかにもアール・デコ。玄関ホールのガラスブロック天井を通して自然光が柔らかく射し、この病院の理念を言葉なく語っていた。

　廊下には型押し鉄板の装飾天井が残り、漆喰《しっくい》装飾も随所に。各階南側バルコンからの眺望が素晴らしい。屋上には洗濯場も残る。各室入り口には「特等附屬室」「外來試驗室」「内科處置室」など正字体表記のプレートが並び、映画の世界に迷い込んだような気にすらなる。

　しかし、2020年に戦前の建物は全て破壊された。聖路加病院のように正面玄関周りだけでも残せなかったのだろうか？

　神戸市からの指導は高さ制限や樹木保存、色遣いなどだけで、歴史的建物の価値については何も言われなかったというからやりきれない。映画『涼宮ハルヒの消失』に登場した「聖地」でもあったのに。

テラゾー（人造石研ぎ出し仕上げ）の手すりが美しい業務用階段室。

当時物の木製建具が使われていた病棟廊下。

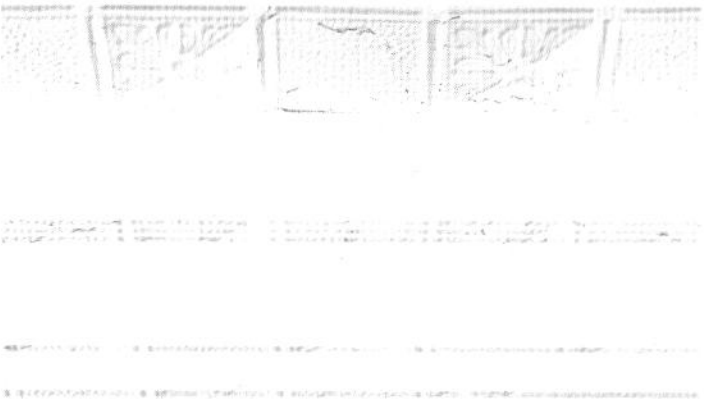

廊下には白く塗られた型押し鉄板装飾天井が用いられていた。

甲南病院（喪失）

所在地：神戸市東灘区鴨子ヶ原1-5-16
竣工年：1934年
設計者：木下益次郎

随所に正字体の表記が残されていて、伝統を感じられる。

東京女子大学

女子大

上：芝生の広場に面した本館。　右：本館の正面階段はステンドグラスが美しい。

神戸女学院

上：芝生のパティオを囲む校舎の一つ、理学館。
左：第４代院長ソール女史を記念する礼拝堂正面祭壇ステンドグラスは、７本の蝋燭をかたどったもの。

日本の女子教育初期においては、
キリスト教の影響が大きかった。
校舎からその影響を垣間見る。

東京女子大学

ゴシックをモダニズムの手法で解釈した傑作、チャペル・講堂。

東京女子大学の源流は１９１０（明治43）年、スコットランド・エディンバラで開催されたキリスト教プロテスタントの超教派の集まり「キリスト教世界宣教大会」にさかのぼるといわれる。１９１２年には超教派の女子大学を日本に作るための促進委員会が米国に設けられ、１９１８年に新渡戸《にとべ》稲造を初代学長として角筈（現在の西新宿1丁目）の地に開学した。

その後、豊多摩郡井荻村（現在の善福寺《じ》）にアントニン・レーモンドの設計によるキャンパス建設が始まり、１９２４年（大正13）に正式に移転。以降、30年代まで、徐々に整備されていった。

レーモンドは１８８８年、オーストリア・ハンガリー帝国領ボヘミア（現チェコ）に生まれた。出生時の名前はアントニーン・ライマン。その姓からチェコ系ではなくドイツ系もしくはユダヤ系であることがわかる。プラハ工科大学卒業後の１９１０年に渡米し、アメリカ市民権を得た１９１６年に姓を英語風のレーモンドに変え

外国人教師館は水平線を強調し、大谷石を用いるなどライトの影響が濃い。

チャペルの内部。レース状の壁全体が色ガラスで、色鮮やかな光が降り注ぐ。

外国人教師館内の煖炉。煖炉のデザインに凝るのもライトの弟子らしい。

チャペルに入って振り返ると、35ストップのフランス製パイプオルガンが。

た。

その年、フランク・ロイド・ライトの事務所に入所する。第一次世界大戦に出征したが、戦後、ライトから帝国ホテルの設計を手伝うように求められ、1919年に助手として来日している。そして1922年には独立し、レーモンド設計事務所を設立。最初に取り組んだ仕事が、聖路加国際病院と東京女子大学だった。

ライトの弟子でありながら、作風は師から徐々に離れていく。1938（昭和13）年竣工のチャペル・講堂は、聖路加国際病院を共同設計したベドジフ・フォイエルシュタインの師、オーギュスト・ペレの代表作ル・ランシー礼拝堂の影響が強いが、これでライトの影響を脱したといえる。

キャンパスには現在、登録有形文化財となったレーモンド作品が七棟ある。ライトの影響を強く感じる1931年の本館や1924年の16号館をはじめ、1925年の14号館の7号館（西校舎）、1927年の6号館（安井記念館）、1927年の6号館（東校舎)、そしてライトの影響をあまり感じない1927年の17号館(ライシャワー館)と1938年のチャペル・講堂である(竣工年はいずれも東京女子大学公表)。

キリスト教主義の精神あふれるキャンパスは、一人の建築家の成長の軌跡でもある。そして彼の門下から前川國男《まえかわくにお》、吉村順《よしむらじゅん》三《ぞう》ら、戦後の建築界を代表する建築家が現れる。戦前から戦後へつながる、モダニズム建築の重要な塊が東京女子大学なのだ。

上:シンボリックな本館正面階段。ステンドグラスが美しい。2階に新渡戸記念室がある。　下:本館正面には上部にラテン語で「すべて真実なこと」。そして下には創立年が刻まれている。

東京女子大学

所在地:東京都杉並区善福寺 2-6-1
竣工年:1924 ～ 1938 年
設計者:アントニン・レーモンド、杉山雅則(チャペル・講堂。建設中にレーモンド帰国のため)
7棟が国登録有形文化財

本館 2 階から眺める VERA 広場。

文学館は空襲で被弾し阪神大震災では屋根が崩落した受難の建物だが、美しく修復された。

神戸女学院

西宮市は「文教住宅都市」を宣言しており、多くの大学がある。なかでも最も美しいキャンパスを誇るのがプロテスタントのミッションスクール、神戸女学院である。ときに「神女」と略されるが、われわれ地元民はたんに「女学院」と呼ぶ。阪急電車神戸本線は別名「お嬢様路線」といわれるほど沿線に女子校・女子大が多いのだが、なかでも抜きん出た存在なのだ。

その歴史は古く、アメリカン・ボード（米国会衆派教会の海外宣教組織）派遣の宣教師タルカット、ダッドレー両女史が神戸・花隈《はなくま》に私塾を開いた1873（明治6）年を源流に、2年後には神戸・山本通に移転し、女子寄宿学校を創立した。1894年には神戸女学院（Kobe College）と改称、異人館街に隣接するキャンパスに赤煉瓦《あかれんが》の立派な校舎が建ち並ぶようになる。さらに1909年には専門学校令による四年制の専門部を設け、1919年（大正8）に大学部と改めている。

文学館玄関のトレーサリーは戦時中に金属供出で失われ、ベニヤ板で再生されたもの。

文学館の2カ所の正面玄関は、シックな2色のタイルとアール・デコ調の門灯で彩られる。

緑豊かなロータリーに面する講堂は礼拝堂を兼ね、学院のさまざまな行事に用いられる。

講堂の内部は表現派風の造形も見られる。大小二台のパイプオルガンを備えている。

左上：礼拝堂はアシンメトリーな構成で、西側のみに側廊がある。左官仕上げが超絶!!
左下：礼拝堂の玄関ホールを兼ねる大廊下。ヴォーリズの合理精神の面目躍如である。
右上：総務館の主階段。2階に院長室、理事室などが控えるので、荘重な造りとなっている。　右下：礼拝堂正面ファサードは、スパニッシュ・ロマネスク様式。装飾タイルがかわいい。

発展につれ手狭になり移転を計画。旧尼崎藩主・桜井子爵家の別邸だった岡田山を譲り受け、移転することとなった。

新キャンパスの設計は、プロテスタントの伝道に一生を捧げたヴォーリズに託された。このころが事務所の全盛期。膨大な数を建てているが、最も坪単価の高いのが大丸心斎橋店と神戸女学院である。いずれも日本近代建築史上燦然と輝く傑作だが、百貨店として贅を凝らした大丸とは違い、決して華美ではないがきわめて豊かなキャンパスとなっている。

ヴォーリズは「偉人なるアマチュア」である。牧師ではなく信徒としてキリスト教を広め、オルガンの腕はプロ級、作詞・作曲もこなし、教育者として近江兄弟社学園を創立、実業家としてもメンソレータムを東アジアに普及させた。そして建築家としての腕も一流である。

建築家としては、細かい図面を自ら引くことはほとんどせず、グランドデザインを示し、それを佐藤久勝ら部下に具現化させるという手法であった。起伏に富んだ岡田山に優れた校舎群を最適の形で配置するヴォーリズの手腕には、やはり練達の技を感じずにはおれない。

戦災や阪神・淡路大震災を経てなお、1933（昭和8）年移転当初の建物の大半を守り続け、その後の校舎も昭和末期のものを除いて、スパニッシュ・ミッション様式でほぼ統一されている。それも外観のみならず、新しい校舎も内部に天井装飾や煖炉などを備える。

キャンパスを象徴するのは、図書館、文学館、総務館、理学館という四つの建物と廻廊によって囲まれる中庭（パティオ）だろう。講義の時間帯は、大勢が学ぶ大学とは思えない静謐《せいひつ》さに包まれ、聞こえるのは噴水の音と講堂のパイプオルガンの音のみ、という状態になる。

「建築とは思想なり」ということを体感できる、得がたい空間である。

パティオにてオルガンの音遠く聴く學舎の中にゐると思へず

講堂に入ると、左右に2階席への見

学院内は随所に煖炉があるが、この二つは社交館のもの。右は現在ほとんど使われておらず、左はいまは煙突がないダミーとなっている。いずれも繊細なタイルワークが美しい。学生たちの憩いの場として活用さ

神戸女学院

COLUMN: 関西連邦共和国と東京帝国

本書では日本の二大都市圏である東京圏と京阪神圏を扱う。その二つの類似点と正反対の部分について、少し考察したい。

湾の一番奥に巨大都市、東京と大阪が位置する。その西に30kmほど行くと、横浜、神戸という巨大外港都市がある。そのあいだの交通は第一京浜15号線が第二阪神43号線、第二京浜1号線が第一阪神2号線、そして首都高の横羽《よこはね》線と湾岸線が阪神高速の神戸線と湾岸線と、東西それぞれに対応する。鉄道は京急と阪神、JRはいずれも東海道本線、東急東横線が阪急神戸本線に相当する。そのあいだには川崎と尼崎という大工業都市がある。そこまでは酷似している。

ただし近畿のほうがコンパクトにできている。関東の湘南地方、つまり鎌倉、藤沢、茅ヶ崎あたりに相当するのは芦屋、宝塚、西宮などだが、それが「阪神間」に立地する点が京浜間と大いに異なる。阪神間ではむしろ工業都市・尼崎のほうが異端児なのだ。鎌倉から都心までの距離と所要時間を考えると、芦屋のほうが住むには便利といえよう。

また、関東平野は広く、大阪平野は狭い。だから関西は山が近く自然環境に触れやすいし、変化にも富む。同じ都市圏内でありながら京都盆地、奈良盆地はすでに大阪平野の外なのだ。

そして歴史的な蓄積を見ると、「畿内」のほうが圧倒的に分厚い。京都・奈良と鎌倉・川越では、失礼ながら勝負にすらならない。

「京浜圏」とも「京浜葉圏」とも呼ばれず、「東京圏」であることに示されるように、関東では東京が圧倒的な親分で、ほかの大都会は横浜ですら弟分、千葉やさいたまは子分であろう。「帝国」なのだ。しかるに京阪神は三都がほぼ対等で、決して大阪はボスではない。「連邦共和国」と呼ぶゆえんである。

関西人が関東へ行くことを「東下《くだ》り」というが（とくに京都人はまず「上京」とは言わない）、関東で関西語を話していると「大阪の人ですか？」とよく問われる。そんなとき、京都人と神戸人は強く否定するのだ。「大阪と一緒にせんとって」というプライドがそこにある。

阪神間人（兵庫県芦屋市民）の私はその点ニュートラルに見られるのだが、やはり大阪が近畿のコアであることは間違いない。大阪がそこまでバカにされる存在になり果てたから、近畿がここまで凋落《ちょうらく》したんだろうな、とも思う。

高度成長期は遠い昔となった。これからの日本は文化で食っていくしかないし、それには文化的衰退そのものである国内文化のグローバル化は食い止めなければならないだろう。すべてが東京式に収斂《しゅうれん》するなか、その文化帝国主義に抗しうる唯一の文化圏は近畿だと思う。しかしその近畿圏の経済的凋落は、文化的衰退に直結する。文化には先立つものが必要なのだ。大阪が「バカにされる存在」であってはならないと、強くエールを送りたい。

小学校

泰明小学校

校舎校庭側の中央正面付近

明治に入ってから誕生した小学校。
学び舎としての建築物のなかから
特徴的な二校を見る。

旧明倫小学校

現・京都芸術センター

逆三角形の連続模様が特徴的な正面玄関。

泰明小学校

昭和モダン建築を取り上げるとき、関東と関西での大きな違いの一つが〝復興〟である。復興とは、１９２３（大正12）年に起きた関東大震災による甚大な被害からの復興であり、東京が、従来の木造住宅主体の街並みから鉄筋コンクリート造（以降、ＲＣ造）の建物が並ぶ街並みへと変貌を遂げるきっかけでもあった。

未曾有の経験をした東京は、帝都復興院を設け、壊滅からの復興をあらゆる分野で推進した。そのうちの主要な一事業として、復興小学校の建設が挙げられる。それまでおもに土木関連での使用が中心だったＲＣ構造を、人が活動する建物に積極的に取り入れたのが復興事業の大きな特徴だった。

当初は１００以上を数えた復興小学校もその多くが解体され、２０２１年の時点では十校ほどが残るばかり。しかも半数は閉校後に転用されており、また現役でも大

震災の教訓を反映し、現代と比べても鉄筋が多く壁面が厚い堅牢な校舎。

ツタが絡まる校舎がトレードマークの小学校。

最も復興小学校らしい連続アーチ窓と弧を描く雨天体操場の壁面。

幅に改修されたものが多い。

そんな中、泰明《たいめい》小学校は、ほぼ竣工時の姿を留める数少ない現役の復興小学校である。細長い校舎の端に位置する雨天体操場(体育館)と講堂は、緩やかな弧を描く外壁で覆われている。また三階に並ぶ大きなアーチ窓は、より多くの外光を取り込む効果を兼ね備えていた。とくに、正面玄関および校庭への出入り口の門柱に施された逆三角形の連続装飾は、泰明小学校ならではのもの。これらのデザインは「ドイツ表現派」と呼ばれる潮流を汲むもので、復興小学校はこの様式をベースにデザインされたものが多い。

表現派とは20世紀初頭にヨーロッパで起きた芸術潮流の一つで、従来の古典的な思想からの逸脱と同時に、第一次大戦で疲弊した精神からの解放をめざした運動だった。小学校の校舎に表現派のデザインを導入したのには、子どもたちに自由な気持ちを持って未来を見つめて育ってほしい、というメッセージが込められていたの

3 階の教室。アーチ窓越しの教室はとても明るい。

廊下側も 3 階部分はすべて連続アーチ窓で採光は抜群。

1992 年に外塀とともに設置されたフランス門は、仏貴族の屋敷から取り寄せたもの。

左：現在は会議室などとして使われているランチルーム。
右：雨天体操場と講堂の背面にある弧を描く階段。

かもしれない。なお、通りに面した連続アーチの外壁は、平成になって近隣の商店主により寄贈されたもので、校章を冠したフランス門とともに、元来あった外塀ではない。

関東大震災の教訓から、震度7にも耐えうるように設計されたのが復興小学校である。島崎藤村や北村透谷の出身校でもある泰明小学校は、今後も震災の教訓と、昭和の初めに夢見た未来への希望を伝えながら、存続してほしいものである。

（この項・黒沢）

泰明小学校

所在地：東京都中央区銀座
5-1-13
竣工年：1929 年
設計者：東京市
経済産業省認定近代化産業遺
産、東京都選定歴史的建造物

軒下に和風ともアール・デコともとれる装飾テラコッタをめぐらせている。

旧明倫小学校

現・京都芸術センター

近世、京都・大坂などの都市を支えたのは町衆だった。豪商＝ブルジョワジーである。たとえばイギリス貴族の「領地」は所有地だが、日本の大名は統治権を持つだけで、土地そのものは百姓や町人が所有した。支配層より市民のほうが裕福という、おもしろい社会構造だったのだ。

町衆自治の伝統は近代にも受け継がれ、京都では1872（明治5年の学制発布に先んじて1869年、住民自治組織「番組《ぐみ》」（町組）を単位として64の小学校が創立された。これを「番組小学校」という。

明倫小学校は下京三番組小学校として開校した。のちの校名は最初の校舎に石門心学の心学道場「明倫舎」を充《あ》てたことによる。徐々に敷地を拡大し、1931（昭和6）年には現在の鉄筋校舎が建てられた。設計は京都市営

90年ものあいだ、油で磨き込まれた廊下。

鉄筋建築でありながらこのような装飾が見られるところも独創的。

窓が少しずつ下がるのは内部がスロープとなっているからである。

バリアフリーなどという概念がまったくなかった時代に、すでにスロープが設けられていた。

玄関にはこの建物唯一のステンドグラスが。両面ともオープンエアというのが珍しい。

繕課。番組ごとの積立資金を使うので、各番組が競って立派な校舎を建てた。そのなかでもここは有名だったという。修復されたペトロフ社のピアノをはじめ、備品や芸術品も多く寄付された。

　都心なので敷地は狭いが、それを活かした校舎配置となっている。門柱はアール・デコ調で、そこから祇園祭の山鉾を模したという正面ファサードが見える。全体としてはモダニズム色の濃いスパニッシュ風で、瓦もスペイン瓦なのだが、アール・デコ、そして和風の意匠も随所に見られる。和瓦ではないが、ビルに和風の瓦屋根をかける九段会館、名古屋市役所、京都市美術館など「帝冠《ていかん》様式」にも相通じる部分がある。

　内部もスロープを持つなど斬新で、折上格天井《ごうてんじょう》の見事な78畳の大広間のほか、四階にも和室がある。また、この時代の都市部の鉄筋尋常小学校によくあるが、室内体操場（体育館）と講堂が別になっている。

　都心の空洞化により1993年に閉校、その後1年間、他校の仮校舎として使わ

P98 右上写真の、弧を描く壁の内側は、なんとトイレであった。何ともハイカラである。

廊下にはダストシュートが残されている（現在は使用不可）。

往時の教室の雰囲気を留めている南館 2 階の談話室。

4 階の和室は茶室として活用されている。

れ、２０００年に京都芸術センターとして保存再生された。教室は展示室、アトリエなどに改装され、講堂や元・室内体操場はコンサートや演劇などのイベントに使われている。常時展覧会も開催され、また国内外から多数のアーティストが招聘され、制作・発表を行う。カフェやライブラリも充実、居心地のいい空間となっている。

用途は変われど、街のなかで生きた形で使い続けられる、建築保存の理想形がここにある。

旧明倫小学校

現・京都芸術センター

所在地：京都市中京区室町通蛸薬師下ル山伏山町 546-2
竣工年：1931.4
設計者：京都市営繕課
国登録有形文化財

転用モダンアパート

旧銀座アパートメント

現・奥野ビル

奥野ビルの正面玄関。[illegible]

船場ビルディング

近代の発展とともに誕生した集合住宅。
レトロモダンとも称される
戦前の名品を味わう。

階までの廻廊がめぐる。
僧院のような空間が
ングの特徴である。

東京が「帝都」だった時代、その華やぎの中心にあり、最も輝いていた街が銀座である。ハイカラでモダンで、銀座に行けばないものはない、そういう街だったのだ。

近世までの日本の都市は、「職住一致」「職住近接」だった。近代以降は職住が徐々に分離して「通勤」するようになるのだが、それでも昭和の初めの東京や大阪の都心にはいまでは考えられないほどたくさんの人々が住んでいた。

そんな昭和の初め、「銀座アパートメント」として奥野ビルは建てられた。1932(昭和7)年の本館と1934年の新館(といっても見分けがつかないほどそっくり)が左右対称に並ぶ六階建て、七階は増築である。民間のアパートとしては日本で最初にエレベータを備えたという。関東大震災でこの地にあった工場を失った方が、大地震に耐えられるものを建て

旧銀座アパートメント

現・奥野ビル

ようと立派なアパートにされたのだとか。

時代がかったファサードは、昨日今日建てられたものとはまったく違う風格を湛《たた》えている。装飾のほとんどない、横に長く大きな窓を持つ姿は、当時の最先端だったインターナショナル・スタイルの、そのすぐ手前まで迫る。しかし大正末から昭和初期にかけて大流行したスクラッチタイルが全面に貼られ、実用一点張りの単調な印象になることを免れている。

設計者は、同潤会《どうじゅんかい》建築部長だった川元良《かわもとりょう》一《いち》。震災復興期の東京で、最先端の住宅を建てていた同潤会での経験が、ここに結実した感がある。同潤会アパートがすべて破壊されてしまったいま、同潤会の建築思想を伝える唯一の建物としても、きわめて価値が高い。

玄関を入ると、内部空間も比較的よく保たれている。いまは雑居ビルなのだが、この独特の雰囲気を愛する多くのギャラリストが集い「画廊ビル」の趣となっていて、私の知人の運営する「ギャラリーナユタ」もその一角にある。

階段室の手すりや照明器具など、建築当初からのオリジナルもよく残っている。非常階段はモノクロ映画に出てきそうな雰囲気で、必見。エレベータも建てられたときの骨董品が大切に使われている。インジケータは半円形の針式で、扉は手動。しかし駆動方式は当時の最新、オペレータ不要の自動式である。小学生のころ耽読《たんどく》した江戸川乱歩の少年探偵シリーズ『三角館の恐怖』に登場したのと同じタイプで、初めて乗ったときはそれを思い出して興奮したものである。

直線で構成されたレリーフが印象的な階段の親柱。

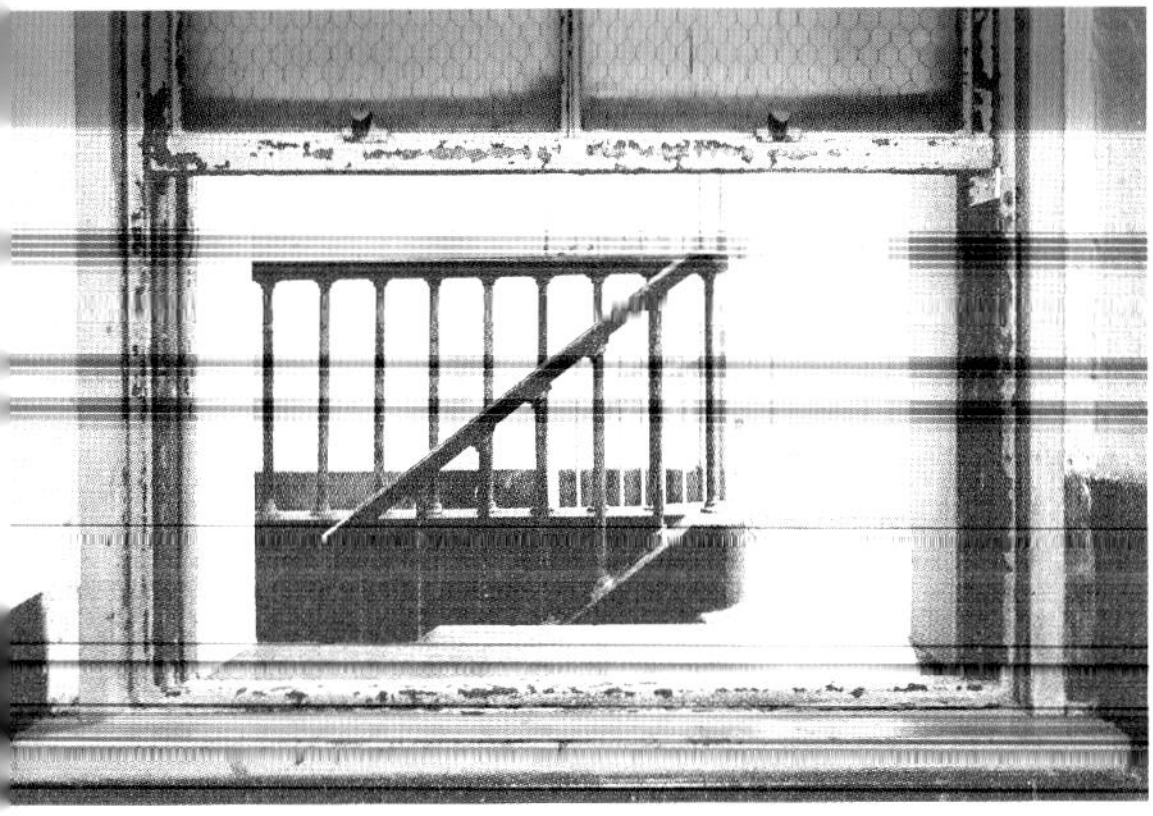
それと知らないと気がつかない本館と新館の境目。

旧銀座アパートメント
現・奥野ビル

所在地：東京都中央区銀座1-9-8
竣工年：1932年・1934年
設計者：川元良一

大正時代の建物とは思えないあっさりしたファサードが船場ビルディングの第一印象となる。

4階の軒飾りが、外観の数少ない特徴となる。

船場ビルディング

大都会の歴史的中心にあって一歩入ると静寂に包まれるのが、船場ビルディングである。船場とは大阪の都心中の都心であり、旧東区の西半分を占める。安土桃山時代からの町割がいまに残り、淡路町、平野町《まち》、道修《どしょう》町、高麗橋など、東西の通りの名がそのまま町名になる。大阪の都心は完全な碁盤目状となっていて、東西の道が「通」、南北の道は「筋」と命名される。近代以降、南北が都市軸となり、御堂筋など「筋」がメインストリートとなるが、元は大阪城を起点とする東西が中心軸であった。

船場でも、道修町はいまも武田薬品や塩野義製薬をはじめ製薬会社の本社が軒を連ね、近代以前よりの薬種問屋街としての役割を担っているが、明治以降、大阪の産業の中心は繊維業であったことから船場は「糸偏」、つまり繊維関係の問屋や商社などが軒を連ねるところとなった。いまも綿業

船場ビルディングはこのパティオの存在によって特徴づけられる。日本離れした美しい空間となっている。

会館(重要文化財)を筆頭に、大阪毛織会館、輸出繊維会館、丼池繊維会館など、糸偏業界関係のビルがあまた立地している。

船場ビルディングは糸偏産業が活気あふれていた大正末の１９２５(大正14)年竣工。戦災などで当初の姿を半ば失った地味な外観からは想像できない、異世界に迷い込んだかのような錯覚を起こすほど豊饒な空間を内に秘めた、不思議な建物である。

玄関を入ると木煉瓦《れんが》が敷き詰められたスロープが、回廊のめぐるパティオに続く。かつて船場の街路は木煉瓦舗装だった。その最後の生き残りなのである。このビルの核であるパティオは南欧風の井戸、植木鉢やベンチが並ぶ瀟洒な雰囲気だが、もともとは荷馬車、人力車、オート三輪などが乗り入れていた。いまも欧州の路地のような風情を醸すのは、もともと本当に「路地」だったからだろう。

一階の部屋はすべて地下室を持つ。昔はメゾネット型のアパートであった。時は大正、モボ・モガが闊歩《かっぽ》していた様が目に浮

上：4 階廊下の天井は 19 世紀末風、ガラスと鉄骨の組み合わせで作られている。2 階・3 階より手すりが高く、東西で意匠を変えるなど、凝った造り。　左下：4 階廻廊入り口にある菖蒲かバッタに見えるステンドグラス。　右中：5 階ホールの入り口にはステンドグラスがあしらわれている。　右下：階段最上階にはアール・デコ化したアカンサス模様が施される。

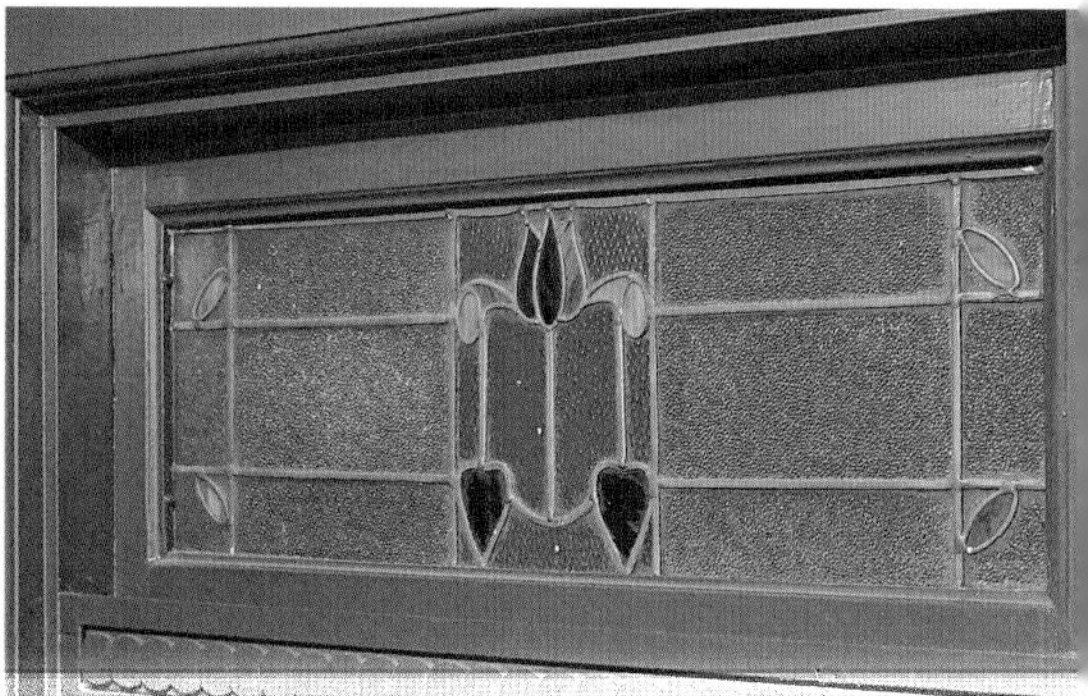

上：ガウディの作品カーサ・バトリョをモチーフに名工・久住有生氏が施工した314号室。　下：1階の1室。地下への階段がある。かつて一階はメゾネット型アパートであった。

左上：2階の一室に残されている「押賣・寄附・面會強要御斷り」の表示。　左下：階段室には封鎖されているがダストシュートが残る。　右上：階段の親柱はすべてこの独特のスタイル。ゼツェシオン（分離派）の要素が見られる。　右下：屋上庭園の奥に、お稲荷さんが祀られている。

かぶ。二階から四階は貸事務所で、いまではブックギャラリー、テーラー、靴磨き、美容室、ネイルサロンなど店舗が増え、建築やデザイン系の事務所も多い。ガウディ風内装で知られる画廊は三階である。

五階はダンスホールだったという。ステンドグラスを配した豪奢な入り口が華やかだった時代をいまに伝える。屋上庭園にはペントハウスもある。

設計者は経歴不明の謎の建築家・村上徹一。この美しいパティオに佇むと、いかなる人物だったのか想像が膨らむ。

廻廊の手すりは浅き緑にて初夏の陽射しに鈍く光れり

船場ビルディング

所在地：大阪市中央区淡路町2-5-8
竣工年：1925年
設計者：村上徹一
国登録有形文化財

現役モダンアパート

清洲寮

ハイカラでモダンな鉄筋アパート。当時のまま今に伝わる東西二都の物件を紹介する。

トヨクニハウス

かつては低層二階建てが6棟並んでいたという。シンプルだがアール・デコ様式の装飾が随所に見られる。

床は鮮やかな豆タイルのモザイク。腰壁はスクラッチタイル。

上：各階段入口にはイロハの番号が振られている。　下：墓地から側面を見る。当初から変わらない景色。

関東大震災を契機として、それまで一般的ではなかった鉄筋コンクリート造のアパートが造られ始めた。

この寮の最寄駅は清澄白河。アートの街と呼ばれ、お洒落なカフェや画廊などがどんどん増殖するエリアとなっているが、元々は深川区。下町である。江戸期には運河による水運の中継地として発した街だったが近代以降、特に昭和になってからは物流の中心が鉄道やトラックなど陸運に移行し、以後は工場や倉庫の多いエリアとなっていた。

それら倉庫群も近年では湾岸エリアなどの巨大物流センターに主役を奪われ、空き倉庫が増えている。それを利用し、リノベーションした店舗が増えている、というわけである。

そんな中、この創成期の鉄筋アパートも今や大人気で、入居希望者が引きも切らず、住居アパートでありながらカフェやギャラリーなども増えている。

1933年に建てられたこの寮、四階建

上：当初物のスチールサッシ窓と、改修ごとに増える配管の対比が面白い。　右：優雅な曲線を描く玄関の階段。

引き戸が並ぶ様は、一見長屋を思わせる。

清洲寮

所在地：東京都江東区白河1-3-13
竣工年：1933年
設計者：大林組（下村栄）

てだがエレベーターはない。入口はイ号からホ号まで5カ所。特に創成期を感じるのは各戸の扉。鉄筋のアパートとなるとドアが一般的だが、ここは和風の引き戸なのだ。室番は旧漢字の琺瑯板が残り、壁に直接ペンキで書かれた階数表示の書体もレトロ。階段に面した小窓があるなど、設計者の遊び心か？　居室内は写真でしか知らぬが、床の間のある和室など、立派な造作のようである。

古いがゆえに、活性化してるエリアである。古いことは新しいこと、という「文化国家の価値観」がようやくに定着しつつある先端地域といえよう。

都島区は大阪市を構成する24の区の中では比較的周縁に属し、都心のオフィス街や繁華街ではない。それでも昭和になると「大大阪」の発展につれ、産業が発達し、こんなハイカラなアパートメントまで建てられるようになった。設計者は不詳なるも、ドイツ人もしくはイギリス人の手になると言い伝えられている。

当初は6棟あったというから、壮観であったろう。

最初は分譲住宅だったがすぐに賃貸にもなり、家賃は公務員の初任給の倍近かったというから、相当高級なアパートだった。比較的シンプルな二階建てだが、内部にも外部にも随所にアール・デコ調の装飾が施され、華やかさを加味している。門燈や階段室のシャンデリアなども一部当時の物が残る。

幸いにもこのアパルトマンには喫茶店「トヨクニコーヒー」が入っているので、誰でもこの素晴らしい室内空間を堪能できる。まずは自家焙煎の珈琲をゆっくり飲

トヨクニハウス

んでから、店内を散策するのがよろしかろう。ここの建った昭和初期から昭和後期辺りまでの種々の雑貨、骨董品が並んでいる。便所に入ると、大きな丸窓にはステンドグラス風に色硝子がはまっている。時代の先端を行くアパートに、明治初期のような疑似ステンドグラスというアンバランスも面白い。珍しかったであろう水洗便所の使い方を指南する真鍮製のプレートにはニヤリとさせられる。

足の便は少し悪いが、わざわざ行く価値のある、豊かな時間を味わうことのできる空間となっている。「大大阪時代」の華やぎを感じてほしい。

タイル張りの腰壁と色付きモルタル壁の対比も美しい。

当時物らしき階段室のシャンデリア。

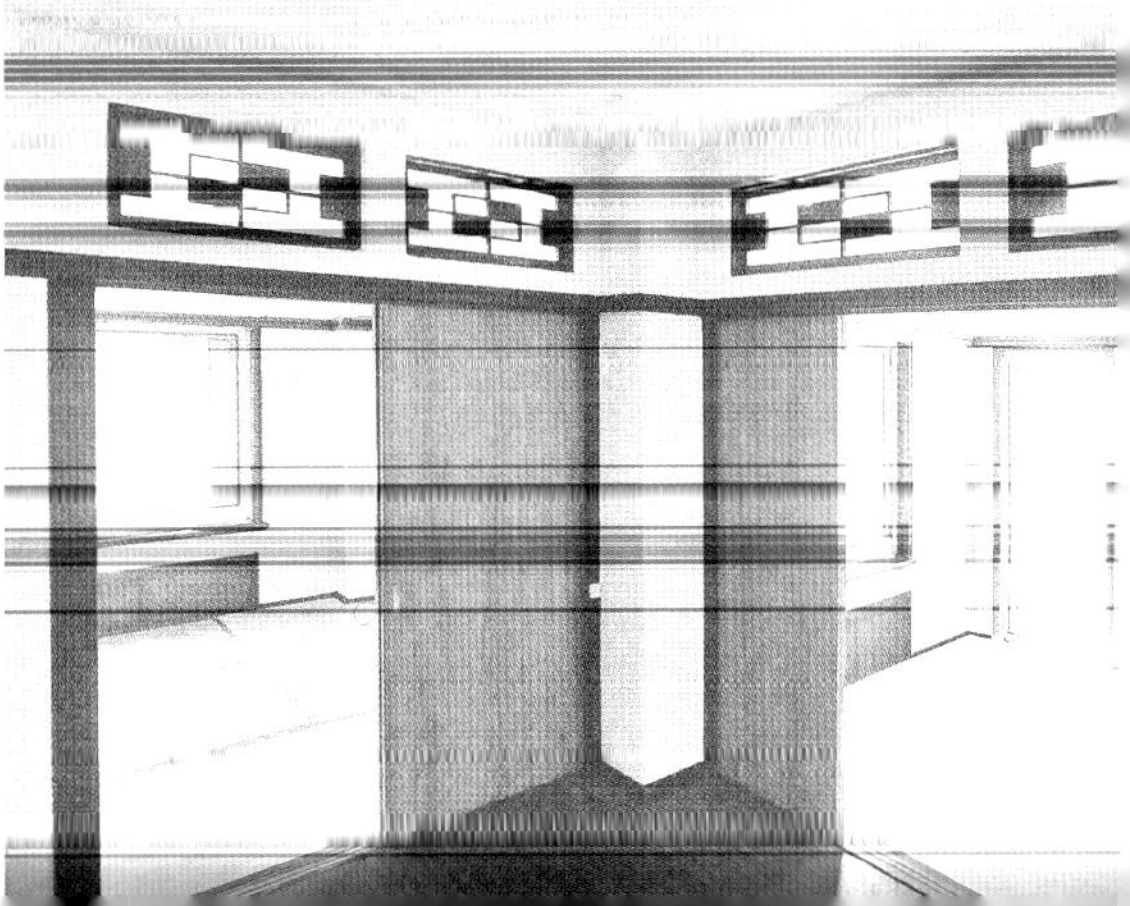

上：旧状をよく留めているA棟の階段室。
右：アール・デコ調の欄間を持つ和室。

トヨクニハウス

所在地：大阪市都島区高倉町1-14
竣工年：1932年
設計者：不明

ホテル

ホテルニューグランド

旧松坂屋大阪店

現・シタディーンなんば大阪（高島屋東別館）

文人や芸術家、社交界から愛された
老舗と百貨店からの華麗なる転身。
東西の近代建築ホテルを見比べる。

日本橋筋に面する、重厚にして長大なファサード。

釉薬タイルが美しい、ホテルの顔ともいえる大階段。2階天井梁に施されたオリエンタルテイストのレリーフも見逃せない。

ホテルニューグランド

日本のホテルの歴史は、1868(慶応4)年開業の築地ホテル館に始まる。いまに伝わるホテルでは1870(明治3)年創業のオリエンタルホテル(神戸)が最古で、谷崎潤一郎の「細雪」にもしばしば登場する。

関東大震災で壊滅的な被害を受けた横浜では、実業家・原三溪を会長に横浜市復興会が結成され、「外人ホテル建設ノ件」を決議、官民挙げて一流ホテルを建設することとなった。名前は公募で選ばれたが、震災で廃業したグランドホテルを定宿としていた外国人客を呼び込む意図もあったといわれる。

当初は半官半民、開業は1927(昭和2)年で、設計は渡辺仁。戦後、GHQ本部となった第一生命館の設計者としても知られる。山下公園を挟んで港に面したそのファサードは、ミナトヨコハマを代表する近代建築といえよう。アール・デコ建築として密度の濃い空間を形成している。

正面玄関を入ると、まずテラコッタとタ

左：装飾に金や漆を多用する桃山様式で施工されたフェニックスルームは、洋風ホテルとは思えないエキゾチックな雰囲気。　右：舞踏室だったレインボーボールルームは、柱の装飾から漆喰天井のレリーフまで豪華な空間を演出する。

左：明るい印象の２階ロビー東側。
中：フェニックスルームの絢爛な肘木装飾。
右：レインボーボールルームの繊細な装飾。

イルで装飾された大階段で二階へ導かれる。階段上正面には、自動式に改造されながらも往時の雰囲気を留めるエレベータが二機並び、その上で大時計が時を刻む。二階がかつてのメインフロアで、天井の高いロビーにレセプション（和製英語でいうフロント）がある。

ロビーには時代物の横浜家具が置かれ、自由に座ることができる。横浜に行くと、たとえお茶だけでもこのホテルに立ち寄るようにしているが、それだけの値打ちはある空間だ。

また本館二階では、当初はメインダイニングだったフェニックスルームが異彩を放つ。アール・デコ建築にあって、この部屋は和風、東洋趣味で装飾されているのだ。もう一つの宴会場・レインボールームも同じく本館二階にある。こちらは繊細な漆喰《しっくい》装飾に彩られたアーチが連なっており、どちらも必見である。

また、初代シェフのスイス人サリー・ワイルも忘れてはならない。明治から変わら

左：天女の壁画や弁財天のレリーフなど、館内には和のテイストが至るところに散りばめられている。　中：アラベスク文様が目を引くエレベータホール。　右：和と洋が見事に融合した 2 階ロビー西側。

左：2016 年 Historic Hotels Worldwide でベスト・ヒストリック・ホテル賞（アジア／パシフィック地域）を受賞。　右：マッカーサー元帥の写真が展示されたマッカーサーズスイートの応接室。左画像は寝室。

ぬ旧態依然だった日本の洋食界に革命をもたらし、多くの一流料理人を輩出した。シーフードドリア、スパゲティナポリタン、プリン・ア・ラ・モードは、ワイルとその弟子たちが考案した料理である。

　著名人や大佛次郎など芸術家が愛用したことでも知られ、ダグラス・マッカーサー元帥が宿泊した部屋は「マッカーサーズスイート」となっている。多くの映画のロケ地となっているので、知らずに見ていることもあろう。

潮風を受け公園に佇めばニューグランドに夕の陽の射す

ホテルニューグランド

所在地：横浜市中区山下町10
竣工年：1927年
設計者：渡辺仁
経済産業省近代化産業遺産

都心を南北に貫く幹線堺筋は道頓堀川以南は日本橋《にっぽんばし》筋と名を変える。近世以前は旅籠街、戦前は古書街、戦後は電気屋街だったのだが、東の電気屋街秋葉原同様近年はオタク、サブカルの街と化した。

この建物は一期工事竣工の1928（昭和3）年から1937年にかけて、松坂屋大阪店として建てられた。設計は名古屋を中心に活躍し松坂屋の店舗を多く手がけた鈴木禎次。松坂屋初の関西進出に当たり、非常に力の籠った建物である。しかし1966年に松坂屋大阪店は天満橋へ移転。その後高島屋が入手し1968年から主に大阪本社の事務機能を置いていた。

御堂筋が開通するまで大阪のメインストリートは堺筋だった。従って「大大阪」と呼ばれた時代、堺筋は北浜の三越、堺筋本町の白木屋、長堀橋の高島屋、そして松坂屋と百貨店が並ぶファッションストリートだったのだ。

外観は古典主義に基づく三層構成。圧巻なのは堺筋沿いに70m近く続くポルティ

左：数期にわたる増築の痕跡をよく留める東（裏）側ファサード。更なる増築計画もあったという。　右：正面の華麗な11連アーチは、このように細部に至るまで繊細なテラコッタ装飾に覆われている。

旧松坂屋大阪店

現・シタディーンなんば大阪（高島屋東別館）

コ（アーケード）で、細密な装飾が施されたテラコッタのアーチが十一も連なる。アーケード内は床も壁もアカンサス（羊歯の一種）の葉をモチーフにしたアール・デコ装飾が施され、ショーウインドウが並び、百貨店がファッションリーダーだった時代を今に伝えている。

内部もエレベーターと階段廻りを中心に、アール・デコ調の装飾が濃密に施されている。

このたびホテル化されるに当たって大幅な改造が施されたが、特に絢爛だった一階の内装は概ね保たれ、新設のエレベータも針式インジケータを採用するなど付け加えられた部分もオリジナルを最大限尊重している。早速泊まってみたが、客室は長期滞在にも対応し広々としているし、宿泊客用のラウンジにはキッチンも備わっている。

広大な床面積の百貨店建築だが、ホテルの客室は窓に面した部分だけ。デッドスペースはどうなっているのかと思ったら、

高島屋の本社機能が置かれている。ちょっとしたトリビアである。

また、三階には高島屋史料館がパワーアップされて新装オープンしたが、常設展のほかに企画展も開催されるようになり、定期的に訪れたくなる。史料館内には往時のままのメインエレベータホールが残されており、ここも必見。

用途変われど、街も変われど、変わらぬ建物がそこにあり、ランドマークとなっている。歴史都市の理想的な在り方ではなかろうか。

高島屋史料館には高島屋の歴史を物語る数々の資料が展示されている。

上：2階西側客室の窓は、11連アーチの部分である。　下：メインダイニングの「numero five」。敢えてダクト類を剥き出しにし、オリジナルの天井装飾が見えるようにしてある。

左上：南側主階段1階親柱上の巨大な照明器具。オリジナルが残されている。　右上：空調吹出口も建築家による繊細なデザインで、この建物のための特注品である。　下：西側正面ファサードの三つの玄関には、オリジナルの美しい天井照明が使われている。

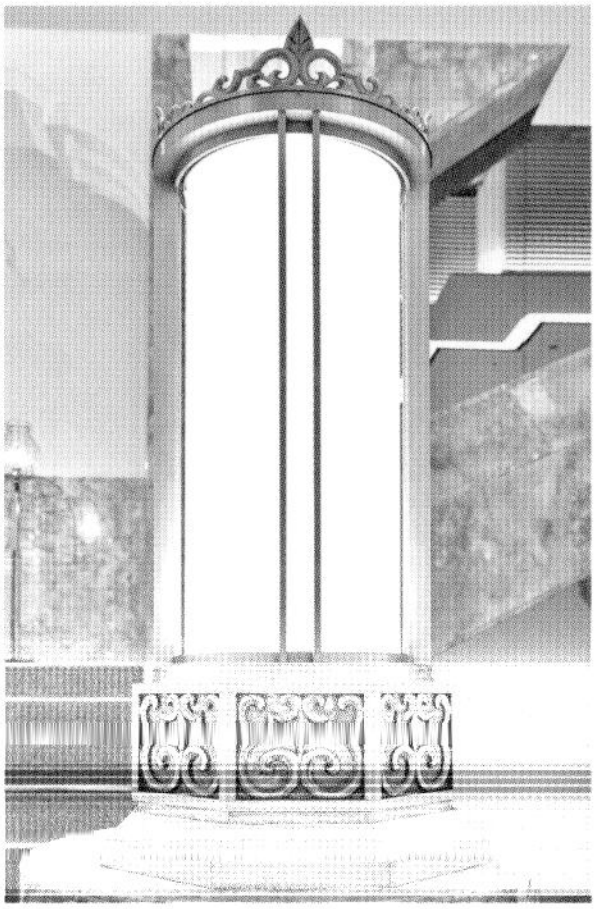

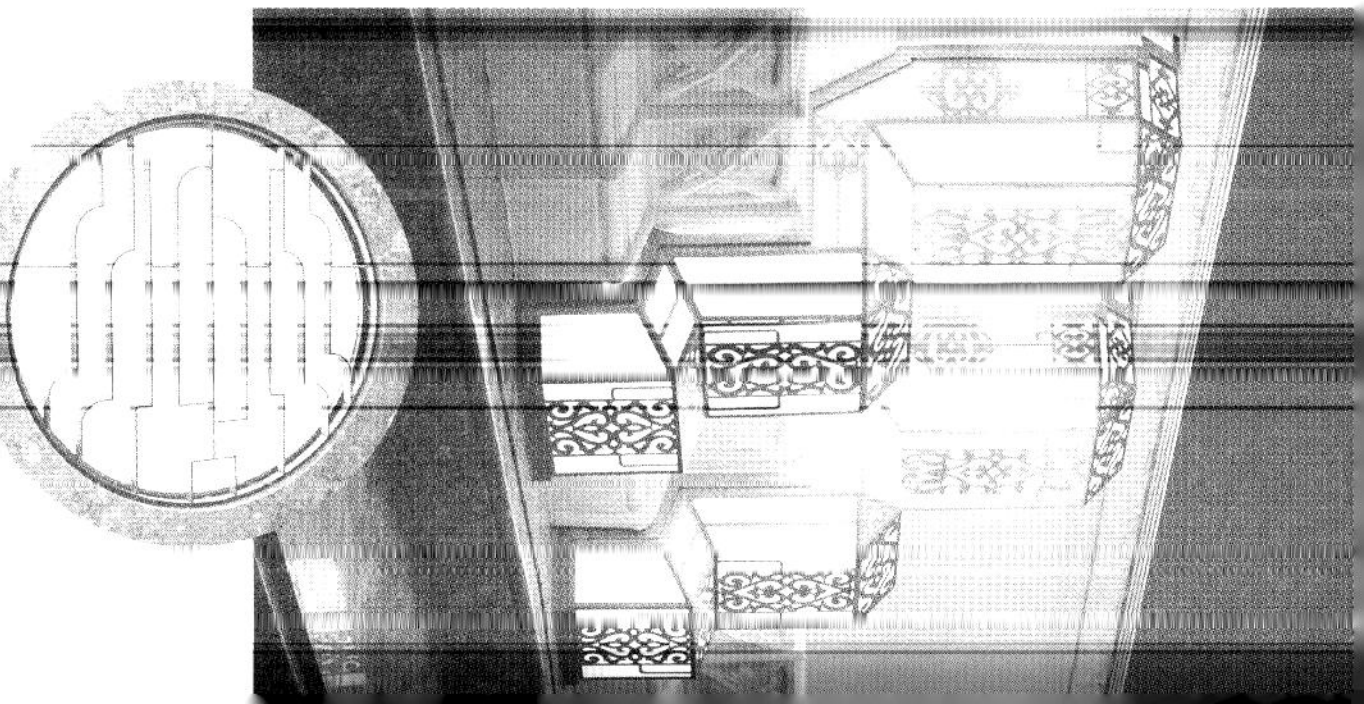

旧松坂屋大阪店

現・シタディーンなんば大阪
（高島屋東別館）

所在地：大阪市浪速区日本橋
3-5-25
竣工年：1928年（第一期）～
1937年（第四期）
設計者：鈴木禎次
2021年、国重要文化財に指定

百貨店

旧日本生命館

現・日本橋高島屋

[illegible]理石造の[illegible]や和洋折衷[illegible]ど、日[illegible]橋高島屋[illegible]正面玄関

南海ビルディング

（難波高島屋）

消費社会の到来を予告し、
憧れの対象だった百貨店。
その高級感は建物にも表現されている。

街路に沿って湾曲する新古典主義のファサードには、テラコッタ製のコリント式オーダーが並ぶ。

旧日本生命館

現・日本橋髙島屋

重要文化財の名に恥じぬ威風堂々たる老舗百貨店のファサード。右側奥には村野藤吾設計の新館が接続しているのが見える。

近畿発祥の呉服屋系老舗百貨店というと、そごう、大丸、髙島屋だが、そごうは大衆的なイメージ。大丸は近畿では圧倒的な格式を誇り、老舗と暖簾と伝統の街・京都で「大丸さん」と〝さん付け〟で呼ばれる唯一の百貨店だが、江戸時代から進出しているのに関東でのイメージ戦略はあまりに下手で、髙島屋だけが関東でも高級百貨店としての地位を確立している。それには日本橋《にほんばし》店の建物の存在も大きいのだろう。

日本橋髙島屋は、「東洋趣味ヲ基調トスル現代建築」なる条件のコンペで、1等となった高橋《たかはし》貞太郎の設計で、1933（昭和8）年に「日本生命館」として竣工した。とはいえ大阪を本店とする日本生命が建て一部を東京総局とし、残りを髙島屋が東京支店として借りたので、オフィスビルをのちに百貨店に転用したわけではない。爾来《らい》大戦を挟んで約30年、村野藤吾の設計で増築を繰り返し、一街区すべてを占める巨大百貨店へと成長した。途中、1963年に日本生命が日比谷に移り、建物は髙島屋

左：金属供出で失われたオリジナルに替わって、村野がデザインした現在の１階吹き抜け天井のシャンデリア。　右：村野藤吾が担当した新館の壁面。オリジナルにはない軒反りが調和と変化を生み出している。

雷文とアカンサスで和と洋を見事に融和した入り口の鉄扉（右）。擬宝珠（左）や釘隠し（中）など、正面外壁の至るところに和のデザインが散りばめられている。

の所有となった。

そして２００９年、百貨店として初めての、国の重要文化財指定を受けた。増築分も含め、すべてが、である。高橋の意匠を継承しつつ現代性を加味した、村野の手腕も高く評価されたのだ。

東洋趣味なる条件のとおり、高橋はネオ・ルネサンス様式を見事に和風趣味と融合させた。典型なのは随所に見られる雷文（ラーメン鉢模様）で、ギリシャ建築のメアンドロス模様でもあるが、東洋趣味に見える。正面玄関の装飾も和風で、二階には高欄《こうらん》をめぐらせ擬宝珠を載せる。風除室には折上格《おりあげごう》天井が配され、欄間には雷文が施されている。

村野設計部分の見所は、まず屋上の塔屋《とうや》。かつて象が飼われていた歴史を継承し、象をイメージした丸いデザインなのだ。大階段のステンレス製の手すりは屋上から地下までシームレス、一本でできている。外壁タイルも高橋と同じもので違和感なく処理されているが、ガラスタイルを大

左上：1階と地下をつなぐ壮麗な中央階段。　左下：雷文が施された肘木を模した柱の装飾。
右上：象をかたどった塔屋。
右中：風除室の折上格天井。
右下：創建時の籠を現役で使うエレベータ。

量に使うなどモダニストぶりも存分に発揮され、全体が重文なのも納得である。特筆すべきはエレベータで、自動式に改造されつつも真鍮製安全扉をそのまま使い、手動時代のノッチを開閉スイッチとして残し、オペレータが運転するスタイルを守る。人件費を削りショッピングモールなどとの違いをどんどんなくし、アイデンティティを喪失したあげく、他業種との差別化に失敗している同業他社との違いは鮮明で、矜持《きょうじ》と見識を感じさせられる。
　ワクワクする、「特別な何か」がある予感がする、百貨店らしい百貨店である。

旧日本生命館
[illegible]

大阪の都市構造は碁盤目状で、御堂筋が中心を南北に貫くが、その北端が梅田、南端が難波。いずれも全国屈指の大ターミナルである。梅田には世界初のターミナルデパートである阪急百貨店が阪急電車梅田駅に作られ、それに対抗するように南海電車も難波駅に巨大な駅ビルである南海ビルディングを建て、老舗百貨店髙島屋がその本店として入居した。

設計は久野節。東武鉄道浅草駅ビルも彼の作品であり、ターミナルビルの名手と言えよう。いずれも圧倒的なボリューム感がその特徴である。

御堂筋の南端に東西に長い正面ファサードを向けているが、その東端は戎橋筋(心斎橋筋)に達し、巨大ターミナル駅である南海難波駅を内

時計塔の上部にある白亜のガゼボ。ドリア式オーダーや外壁と同じ飾り壺など細かなところに余念がない。

南海ビルディング
（難波髙島屋）

14スパンに及ぶアーチ窓と「近世復興式」の格調高い装飾が商都大阪の繁栄を今に伝えている。

部に包括し、一街区を丸々占めている。

白亜の外観は、全面テラコッタ張りゆえ。大アーチが連なり、華麗なコリント式のジャイアントオーダーが並ぶその姿は、百貨店全盛期の華やかさを今に伝える。日本初の冷暖房完備のデパートでもあった。

昭和後期の難波駅大改造で駅は南に下がり、ビルは全て髙島屋となった。更には今世紀に入ってから再度リニューアルされて、外観も磨かれ、美しく乳白色に輝く姿を取り戻している。増築により、床面積も7万8000㎡に及ぶ巨大百貨店となった。レストランフロアには、東別館(現シタディーンなんば)地下フロアで忘れ去られていた岡本太郎作のモザイクタイルが移設され、異彩を放つ。

百貨店として、伝統を大切にしつつ、常に進化し続けているのだ。

巨大な建物だが、決して大味、大雑把な造りではない。細部まで手抜きがなく、全てが美しい。一階、駅正面に当たる玄関には羽の生えた車輪のテラコッタ装飾があ

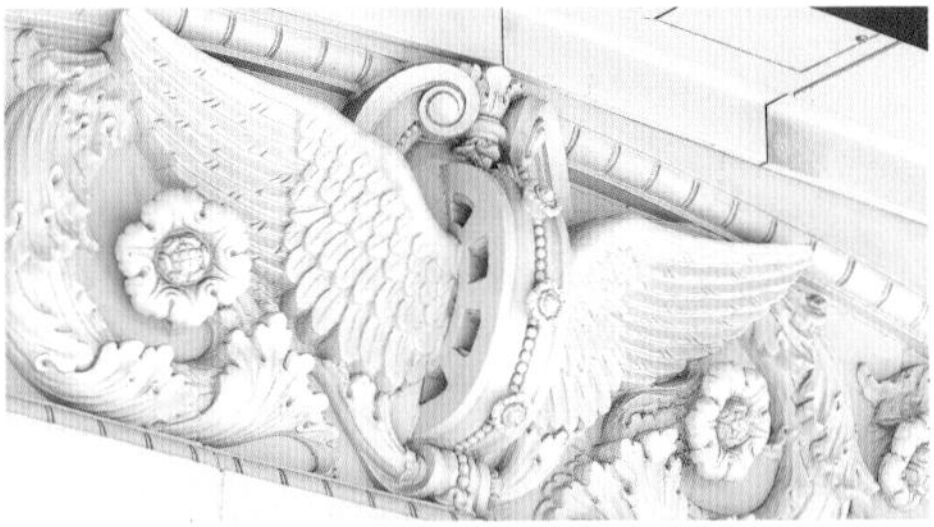

るが、これは南海電気鉄道株式会社の旧社章である。メダイオン、パラペット、塔屋など、テラコッタの造形は見ていて飽きることがない。鉄製の庇も繊細な装飾が施されている。

内部はあまり原型を留めていないのが惜しまれるが、それでも戎橋筋側玄関を入ると連続するアーチ状の梁には石膏装飾が施され、エレベータホールも美しい。最上階のアーチ窓には一部創建当初の鉄製サッシや分銅式上げ下げ窓なども残る。

大大阪時代、百貨店はその華であった。ターミナル駅は、『郊外住宅地』からモボ・モガが都心に出てくる、その入口であった。モノだけでなく、「時代」と「文化」、そして「流行」と「夢」を売る、それが百貨店であった。

自宅にいながらスマホで何でも買える時代だからこそ、百貨店は自宅では体験できない特別な場所、「夢」を売る空間であるべき。原点を忘れてはいけない。ここに来ると、「百貨店」を体感できる。

右上：オリジナル部分が少ない館内に遺る建設当時の装飾。　左上：3階から6階の大窓は上げ下げ式。　右中：館内に遺るオリジナルのラジエターグリル。　右下：方形の配置が美しいアーチ窓最上部の内観。　上：7階に展示されている岡本太郎の『ダンス』。かつて東洋一といわれた髙島屋大阪店の大食堂に飾られていたものが修復を経て復活。貴重な岡本太郎の初期タイル作品。

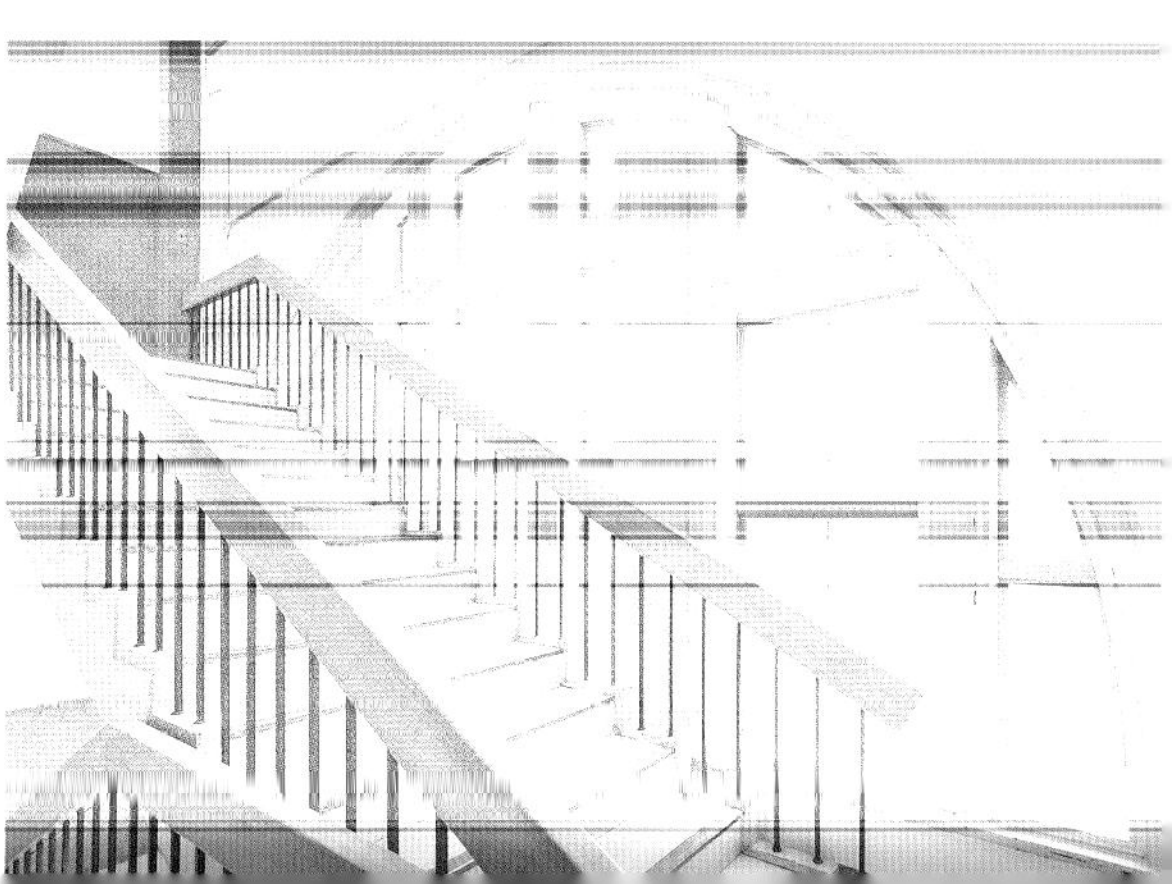

南海ビルディング
（難波髙島屋）

所在地：大阪市中央区難波5-1-5
竣工年：1932年
設計者：久野節

鶴見線 鶴見駅・国道駅

別世界へと誘われる、国道駅の仄暗い高架下。

六甲ケーブル 六甲山上駅

近代を運んできた鉄道。
その駅舎にも、往時の美しさを
湛えた名品が残されている。

水平線と円で構成される、アール・デコ・スタイルの階段。

開業時の姿を今に伝える鶴見駅の駅舎。

鶴見線 鶴見駅・国道駅

ＪＲ鶴見線の鶴見駅と国道駅は、上野駅や両国駅、東武鉄道の浅草駅などとともに、数少ない昭和モダンの香りを今に伝える東京圏の駅。

鶴見線の前身となる「鶴見臨港鉄道」は、浅野總一郎を筆頭にした錚々たる財閥連合によって１９２６（大正15）年に敷設された鉄道で、同じく財閥連合が造成した国内初の臨海埋立地である京浜コンビナートから物資を運び出すための貨物専用線だった。

ほどなく人員輸送も始めた当時の沿線案内に、時代の空気感を的確に伝えるくだりがある。「浅野翁の独創になる鶴見埋立地は工業港の先駆であります。日々の活動は、近代工業のパノラマであり、工場のスカイラインと機械のジャズは、近代人をもって任ずる人々の見逃してはならぬ場所であります。」

１９３０（昭和5）年に開業した国道駅は、国道16号をまたぐことからその名が付いた。仄暗いアーチが別世界へと誘う魅惑

左：国道駅周辺に現存する国内初の高架下住宅。　右上：国道駅に遺るアーチ窓。　右下：国道駅の壁面に遺る生々しい機銃掃射の跡。

的な高架下は、しばしばロケ場所としても使われるので、ご存知の方も多いことだろう。

駅舎とよべるものはないが、改札周りの腰壁に施された型押しタイルや、高架下商店の壁面に遺る半円アーチの窓が、当時の建築潮流を今に伝えている。

駅周辺には国内初の高架下を利用した住宅が現存し、さらに国道側の壁面には、生々しい機銃掃射の跡も遺る。国内初のコンビナート鉄道の駅というだけではなく、住宅史の上でも、戦跡としても貴重な遺産だ。

国道駅から4年遅れて開業した鶴見駅は、美しい鉄骨アーチの構内が、ヨーロッパの終着駅を彷彿とさせる。弧を描く外壁処理をはじめ、駅舎の外観も見所が多い。

高架下住宅を含め、これらの二駅と高架橋を設計したのは、日本の鉄筋コンクリート工学の父といわれる阿部美樹志工学博士（1883〜1965）。国内初のRC造による鉄道高架橋（1916年、東京駅

左上：ヨーロッパの終着駅を彷彿とさせる鶴見駅のホーム。　左下：鶴見駅からほど近い高架下には、当時の姿を留める商店も遺っている。　右・右下：国道駅の腰壁にあしらわれた型押しタイル。

〜萬世橋駅）をはじめ、いくつもの鉄道高架橋を設計したことで知られる。

恩師を介して浅野総一郎と知り合い、浅野セメントの各工場や浅野邸の設計に携わった博士が、鶴見線の高架橋を手掛けたのは自然の成り行きだったのだろう。

派手な装飾はいっさいないが、時代のエッセンスを的確に表現した意匠とともに、RC造鉄道高架橋の黎明期を伝える鶴見駅と国道駅は、土木家でもあり建築家でもあった阿部の手腕が光る逸品といえる。

（上の山・黒沢）

鶴見駅

所在地：神奈川県横浜市鶴見区
鶴見中央1-1-1
竣工年：1934年
設計者：阿部美樹志

国道駅

所在地：神奈川県横浜市鶴見区
生麦5-12-1
竣工年：1930年
設計者：阿部美樹志

アシンメトリーな構成が特徴的なファサード。古写真を見ると、車寄せ上がバルコンだったことがわかる。

六甲山観光所蔵

六甲ケーブル 六甲山上駅

旧六大都市の一角を占める大都市でありながら、神戸市はそのど真ん中に標高931mの六甲山が聳えている。明治の初めには禿山であったが、1902(明治35)年に始まる広葉樹を中心とする緑化事業により、徐々に今日の緑の山になっていったという。

1903年には、六甲山開祖と称えられるイギリス人のアーサー・グルームにより、日本最初のゴルフ場である神戸ゴルフ倶楽部が設立されるなど、近代リゾート地としての六甲は居留地に住む欧米人たちによって拓かれた。したがって、現在でもアイスロード、シェール道など、英語の地名が多い。

京阪神三都の発達により阪神間は日本初の郊外住宅地として拓かれ、大正中期より「阪神間モダニズム」と呼ばれる独自の文化を生み出した。六甲山も外国人だけのものではなく、阪神間に邸宅を構え、大阪・神戸の都心に通勤する、新時代の中・上流市民にも愛される手軽な行楽地・別荘地となっていった。

六甲山のリゾート開発を積極的に進めていた阪神電鉄によって六甲越《ろっこうごえ》有馬《ありま》鉄道として六甲ケーブルが開通したのは、1932(昭和7)年である。国内のケーブルカーの多くがこのころに開通している。当時のハイカラでモダンな、つまり最先端の娯楽だったのである。したがって駅舎も「たんなる実用品」を超えた、美しく趣向を凝らしたものが建てられた。六《ろっ》甲山上《こうさんじょう》駅はシンメトリーを崩したファサードにアール・デコ様式の装飾を施された見事なもので、現在に至るまで大切に使われている。

外観で特徴的なのは、典型的なアール・デコ・デザインであるギザギザ

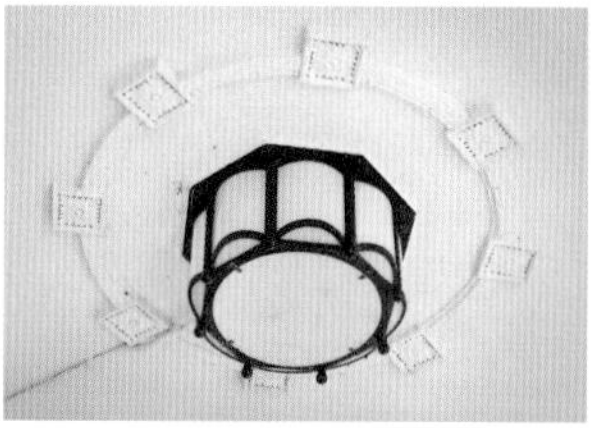

上：段々にせり出すデザインがおもしろい正面玄関。　左上：車寄せの天井中心飾りと当時のものの照明。　左下：玄関脇細部。

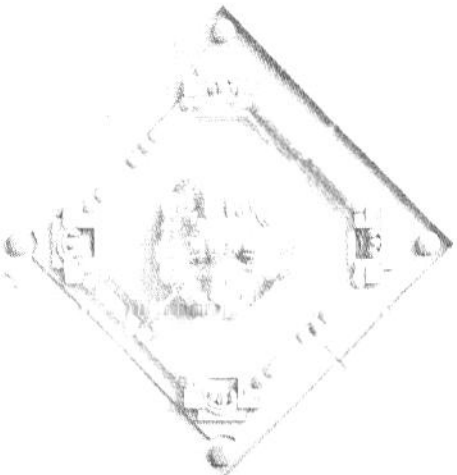

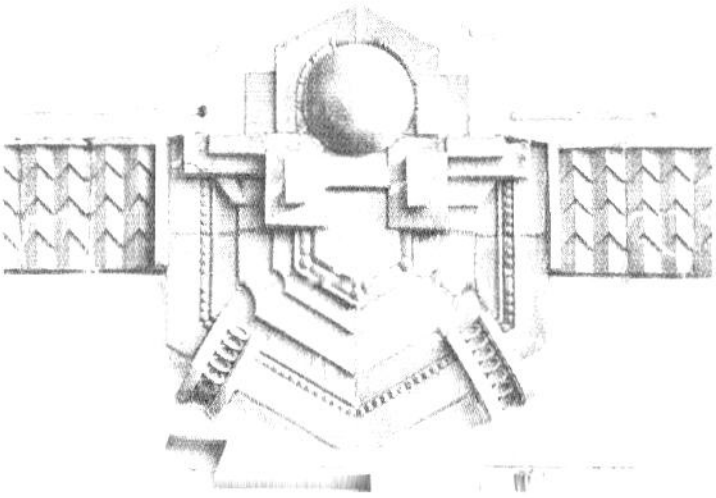

模様のテラコッタ製軒蛇腹《のきじゃばら》である。また、ライオンの装飾テラコッタもアール・デコそのもののデザイン。車寄せの大きな庇《ひさし》はかつてパラペット（壁が立ち上がった手すり）がめぐらされており、バルコンになっていたという。内部もシャンデリアや階段などに往時の姿を留めている。またコンコースの地下には、ふだんは非公開だが、開通当初からメンテナンスを続け、部品を変えつつも往時の姿を留める巨大な巻き上げ機が収められており、スチームパンク好きにはたまらない風情がある。

　六甲山小学校の児童をはじめ、定期券利用者も少なくなく、運行も20分に1本はある。近隣にはヴォーリズ六甲山荘、旧六甲山ホテルなど、近代建築の名品も多く、眺望は絶佳である。これからも京阪神の奥座敷として栄え続けることだろう。

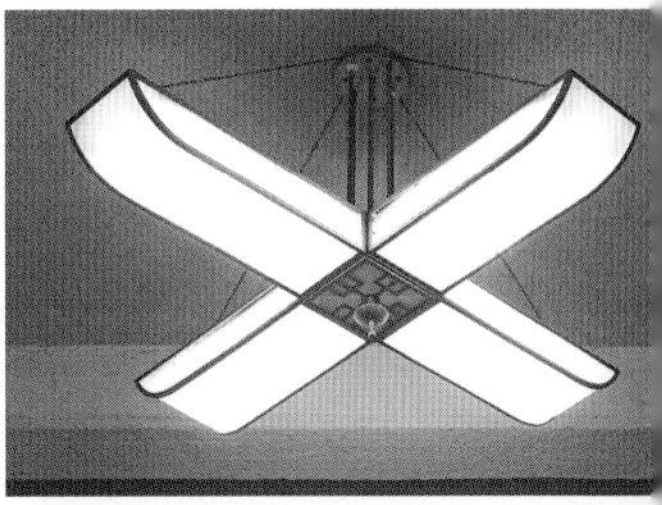

コンコース内には往時の照明が現役で使われている。

上：剝き出しの受電設備はいまでは見られないもの。　下：直径2.7mの巨大なフーリー（滑車）が三つ連なってケーブルカーを動かしている。

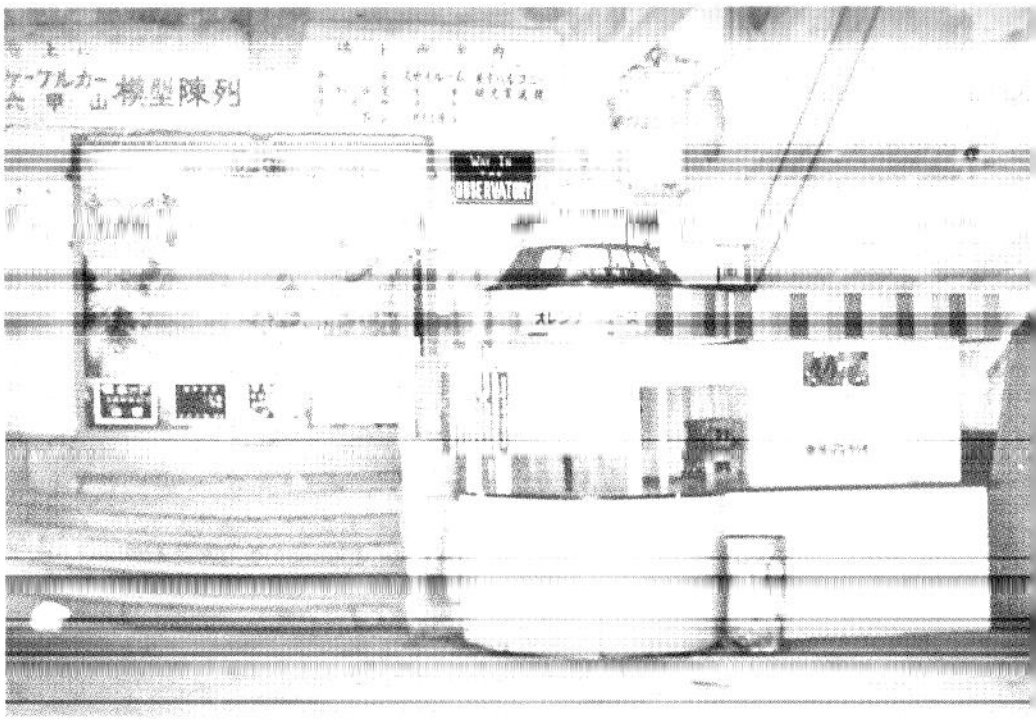

往時の階段室。筆者の幼いころを思い出す。

六甲ケーブル 六甲山上駅

所在地：神戸市灘区六甲山町一ヶ谷1-32
竣工年：1932年
設計者：不明
経済産業省認定近代化産業遺産

COLUMN：

看板建築

全国的にさまざまな様式が華開いた昭和モダン建築の中で、看板建築は、東京で生まれて広がった建築スタイルだった。

1923（大正12）年の関東大震災で焦土と化した東京には、まず簡易的なバラックが建ち並び、基本的な区画整理が終わるにつれて、昭和の初期から本格的な建築が始まった。

従来、東京の商店はその多くが町家造りや蔵造りだったが、震災後に路面へはみ出す構造が自粛されたため、町家のファサードを平らにして垂直に立ち上げた壁で覆い、高いパラペットで屋根瓦を隠した建物が造られるようになる。

これが後に看板建築とよばれたもので、当時西欧から入ってきたビルの見た目を模しながら、細部には和柄文様をあしらうなど、和洋折衷を極めた日本独自の商家建築といえるだろう。

さまざまな建材が使われたファサードの中で、特に青銅を使ったものは際立つ。竣工当初は新しい十円玉のように輝いて派手な印象だが、風雨に晒されることで徐々に変色し、約二十年経過すると緑青色に落ち着く。日当たりや湿度などの条件により、一つとして同じ風合いにはならない。

銅板葺の場合、日本家屋の造りを踏襲しているものが多く、戸袋や鼻隠しなどがある。これらの外装を銅板で包み、和柄文様をあしらったもの（❶）は、時代を象徴的する意匠だ。

また、タイル張りのものも数多く建設された。とりわけF・L・ライトが帝国ホテルで使用したスクラッチ・タイル（❷）は一世を風靡し、RC造のビルに限らず、看板建築にも多用されている。

人造石も当時流行った壁材の一つだった。付柱（❸）やコーベル（❹）、そして各種のコーニス（❺❻）など、その素材感から、もっとも欧米風を装ったのがこの建材ではないだろうか。店名や業務内容を浮き彫りにして看板がわりにしたものも見かける。

看板建築は、北は上野から南は築地あたりまでの商業地に集中的に建てられた。中には遠藤新などの著名な建築家が設計したものもあったが、財力のある商家はやがて建て替えてしまったので、現存するものは、目抜き通りから少し入ったエリアの小規模なものが多い（140頁）。

東京での建設がひと段落すると、出稼ぎに来ていた大工たちが地元に戻り、東京仕込みの看板建築を建てた結果、関東を中心に（❼❽）、ほぼ本州全域に及んで分布することとなった。

近年、看板建築の価値が認められ始め、国や自治体による遺産登録の動向が活発になってきたが、それでも登録有形文化財で二十件程度。ましてや指定の文化財はひとつもない。

流行の建築様式を、見よう見まねの独創的なアレンジで取り込んだ看板建築は、著名な建築家の建物からはうかがい知れない、当時の庶民感覚を垣間見ることができる。貴重な有形遺産といえるだろう。今後、さらに看板建築が注目されるようになって欲しいものだ。

（この頁・[illegible]）

❶青海波に千鳥が翔ぶ粋な和柄文様の戸袋。 ❷ゼンマイ(引っ掻いた時に出るかす)を残したスクラッチ・タイル。 ❸古典的なイオニア式の付柱。 ❹珍しい銅板葺のコーベル。 ❺歯型を模したデンティル・コーニス。 ❻アーチが連続するロンバルディア帯。 ❼1927(昭和2)年の大火後に建設された、洋風仕上げが多い石岡市の看板建築街。 ❽細部に拘りが見える1935(昭和10)年築の写真館(鎌倉市)。

綺麗な緑青が吹いた、典型的な銅板葺看板建築の老舗居酒屋「みますや」（昭和３年築・千代田区神田司町）。

スクラッチ・タイルに洗い出しの付柱やパラペットが洋風な「桃乳舎」（昭和２年築・中央区日本橋小網町）。

刷毛と[illegible]、都内最古の刷毛専門店「江戸屋」（大正13年築・中央区日本橋大伝馬町）。

[illegible]、右書き文字の[illegible]時代を伝える「山本歯科医院」（昭和３年築・千代田区神田須田町）。

PART

4

構造&リノベーションで見る

時計塔

市政会館

旧生駒時計店

現・生駒ビルヂング

時計塔も近代建築の象徴。
街は変わり続けるが、時計塔は
歴史の証人として時を刻む。

市政会館

建物正面全景。　左：時計塔がそれほど高くない当初の市政会館のパース。（東京市政調査会編『東京市政調査会館競技設計図集』1923年／市政専門図書館所蔵）

日比谷公園の外れに時計塔を高く掲げる巨大なシルエットは、見る者に強い印象を与える。公益財団法人後藤・安田記念東京都市研究所の本拠地、市政会館である。なお、このビルの北半分は東京都が区分所有する日比谷公会堂となっている。日比谷公会堂も日本社会党委員長・浅沼稲次《いねじ》郎氏が右翼少年に暗殺されるなど、数々の近代史の舞台となってきた。

公益財団法人後藤・安田記念東京都市研究所は、伯爵・後藤新平により1922（大正11）年、東京市政調査会として設立された。その基金は、後藤の盟友でその前年に暗殺された安田財閥の祖・安田善次郎の寄付によるものである。

後藤は医師・官僚・政治家であり、台湾総督府民政長官、満鉄初代総裁、

創建時、その発色にこだわったという独特な色合いの青い釉薬タイルで覆われたエレベータホールは幻想的な雰囲気を醸し出す。

ビッグベンと同じローマ数字だが、「Ⅳ」ではなく「IIII」が使われている。

1階玄関側のスペースは、そのほとんどが釉薬タイルで覆われ、訪れた者を驚かせる。

正面階段を上ると、広々とした風除室となっている。

逓信《ていしん》大臣、内務大臣、外務大臣、東京市第七代市長を歴任したスケールの大きい人物。ことに関東大震災後に内務大臣兼帝都復興院総裁となり、東京の帝都復興計画を立案した都市計画家として名高い。

帝都復興計画について書くには大著一冊でも足らぬが、今日の東京の都市機能のかなりの部分はこの計画に基づく。したがって、同研究所は地方自治・都市問題に関する調査と研究を行う組織である。1925年創刊の機関誌「都市問題」は、今日まで刊行が続く。市政専門図書館も有名で、市政会館内にある。

その市政会館は、前述の安田家の寄付によって1929（昭和4）年に竣工した。設計者は、コンペによって選ばれた佐藤功一である。佐藤は早稲田大学の建築学科の創設者で大隈記念講堂も彼の作品であるから、彼は東京を代表する時計塔のうち、二つを設計したことになる。

　正面を南に向け、サイドから中央の時計台にせり上がるファサードは、垂直線が強調され、上へ上へと伸びる。全体としてはアール・デコ様式だが、その基底にはゴシックがある。玄関を入るとほかに例を見ないほどの広い風除室を抜け、空色のタイルが美しいエレベータホールに入る。かつて全館の時計を制御していた振り子式親時計（現在は電気式）がいまも時を刻み、各階から投函できるシューター式郵便ポストも残る。地階の天井裏にはかつての講堂を飾っていた漆喰《しっくい》装飾が隠されている。

　二・二六事件に際しては叛乱軍が占拠し、時計台の上には歩哨《ほしょう》が立ったという。その内部には、1分ごとに大時計の針を動かすモーター音が響く。時間が止まったような心地がして、兵士がいないか思わず周囲を見回した。

左：シューター式私設郵便函。　中：二台並立するかつての親時計。　右：花のレリーフがある重厚な玄関扉。

左：二つのアーチのあいだには花台のような装飾。　右:アーチに施された石彫の鷲。当初は梟になる予定であった。

夜間には数字が浮かび上がる、ポップなデザインの時計塔の文字盤。

2階分が大きなアーチ窓になっている。交差点に面した正面にはオープンカフェが。

旧生駒時計店

現・生駒ビルヂング

モボ・モガの時代、銀座をそぞろ歩くことを「銀ブラ」といったが、大阪では心斎橋を歩く「心ブラ」と平野町の「平ブラ」だったと聞く。ちなみに神戸は元町で「元ブラ」である。銀座、心斎橋、元町はいまも変わらず繁華街だが、平野町はすっかりオフィス街に様変わりしている。その平野町通と、御堂筋が開通するまで大阪のメインストリートだった堺筋の交差点に屹立する時計塔・生駒ビルヂング（旧生駒時計店）は、東京でいうなら銀座4丁目交差点の服部時計店にあたるだろう。

江戸時代からの老舗・大坂屋の八代目権七が新時代の商売として時計商「大権堂」を開いたのが1870（明治3）年のこと。当時の店舗が御堂筋拡幅の敷地にかかったことから現在地に移転し、関西建築界の大御所の一人だった宗兵蔵の事務所に依頼して五層の大厦を築いたのは1930

（昭和5）年であった。

流行の最先端を行くアール・デコ様式のビルはたちまち大阪中の評判になったという。当初は一階と二階が店舗であった。大理石で飾られた美しいエレベータ、漆喰装飾の天井にステンドグラスのショーケース。舶来のハイカラな懐中時計や腕時計、柱時計にホールクロック、そして金銀の宝飾品が並ぶきらびやかな空間が、まだまだ瓦屋根の町家が並んでいた街に突如として出現したのである。

三階には修理担当の職人が10人以上詰めていた。四階は事務所で、五階は畳敷き。当時の船場の商家には必ずいた、住み込みの丁稚《でっち》たちの寮となっていたそうである。

角地に建っているのにあえて時計塔を正面には作らず、南側に寄せている。こういう控えめな、含羞《がんしゅう》の文化こそが、上方《かみがた》気質の精髄といえる。

かつて時計台で時を告げていた鐘。現在はデジタルサンプリングされ、スピーカーで流されている。

正面のアール・デコ調テラコッタ装飾に竣工年が刻まれている

時計店の店舗であった1階と階段は全面大理石。赤絨[illegible]

近隣の綿業会館・日本綿業倶楽部（重文）や船場ビルディングなども、内部の豪奢《ごうしゃ》さに比べて、外観はいたって地味なのだ。

それとともにいちびり精神（標準日本語に訳しにくいが、茶目っ気、ディレッタンティズムとでもいうか）も上方の特徴だろう。時計台のうち、東の文字盤の下には三階にわたって連続する出窓があり、その下は丸窓となっている。つまり、振り子を表しているのだ。

いまでは時計店は上階に移り、一階はお洒落なエスニックスタンドになっている。二卓だけだがオープンカフェもあり、そこだけを切り取ると日本とは思えない洒落た光景である。ランチから夜遅くまで、いつでも使えるのも嬉しい。近代建築探訪の折には、ぜひ立ち寄ってほしいスポットである。

左：時計塔内部の文字盤裏側。かつては大きな機械式時計だったが、いまはモーターが針を動かしている。　中：屋上から副階段室を見下ろす。螺旋が美しい。右：1階には手動時代のエレベータの入り口がそのまま残されている。

旧生駒時計店

現・生駒ビルヂング

所在地：大阪市中央区平野町2-2-12

竣工年：1930年

設計者：宗兵蔵

国登録有形文化財

右：高級時計宝飾店なので、高級商品用の金庫室を備えている。左：1930年の生駒時計店型録。彩色も鮮やか[illegible]る。

望楼

旧高輪消防署

現・高輪消防署二本榎出張所

東

壁面から窓まで、すべてのパーツが昭和モダンでできあがっている庁舎。

神戸税関

古くは弥生時代から存在した望楼。
昭和モダンに演出された望楼は、
何を見つめてきたのか？

神殿のような荘厳さすら感じさせる
正面玄関のロトンダ（円形ホール）。

上：各階に細かな配慮が散りばめられた素晴らしい外観の庁舎全景。
左：右書き文字が時代を感じさせてくれる玄関灯。

旧高輪消防署

現・高輪消防署二本榎出張所

1933（昭和8）年に落成した高輪《なわ》消防署二本榎出張所の庁舎は、火の見の望楼が印象的な表現派の建築。鉄筋コンクリート造（以降、RC造）三階建てで、一階はおもに受付と消防車の車庫、二階は事務所、三階は一～二階正面の曲面に沿って施工された円形講堂で、その上に約四階分の高さでRC造の望楼が載っている。かつては東京湾まで見渡せたことから、「岸壁上の灯台」や「海原をゆく軍艦」と呼ばれていた。

腰《こし》壁には花崗岩が積まれ、その上から望楼までの外壁には、クリーム色の磁器タイルが貼られている。この時代のタイルには、表面に縦の傷を施したスクラッチタイルが多用されるが、平らな表面のものは珍しい。三階の円形講堂は、縦長のアーチ窓に流線型の8本の梁が放射状に施工され、最も表現派らしい雰囲気を漂わせている。

塔屋の基壇部にあたる広い円形講堂跡は消防の展示室として使われている。

2階階段の踊り場の一部に施工されたコーニス。この部分だけ古典的な装飾が施されている。

丸窓が塔の3階。危険なため職員でもこれ以上はめったに行かない。

幅木にデザインが施された、床と壁で色分けされた研ぎ出しの階段。

研ぎ出しの下部と漆喰仕上げの上部のコントラストが美しい館内。

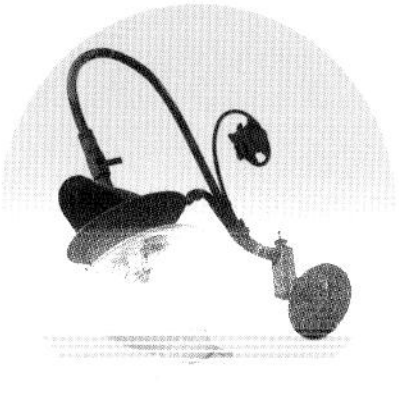

非常用として設置されたガス灯。

そのほか、踊り場のコーニス（壁と天井の接合部分）や創建時からあるアール・ヌーヴォー風のガス灯など、表現派をメインとしながらも、当時のさまざまなデザインがバランスよく配置された庁舎は、小粒ながら珠玉の一品といえる。

（この項・黒沢）

旧高輪消防署

現・高輪消防署二本榎出張所

所在地：東京都港区高輪2-6-17
竣工年：1933年
設計者：警視庁総監会計営繕係
東京都選定歴史的建造物

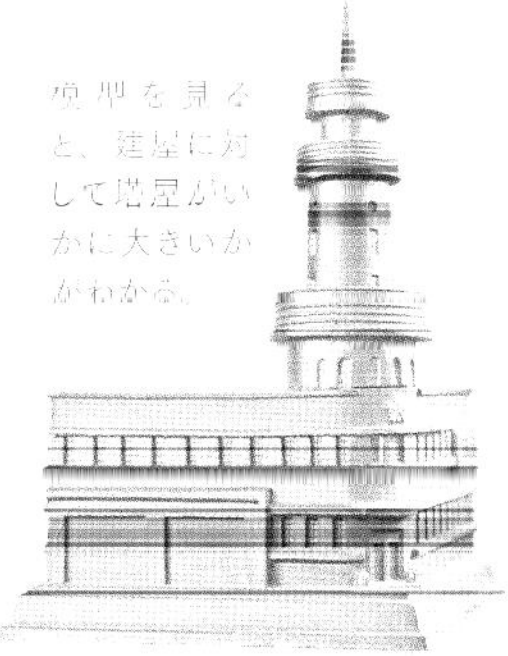

立面を見ると、建屋に対して塔屋がいかに大きいかがわかる。

神戸港とともに2017年に150周年を迎えた神戸税関、旧館の正面玄関。

神戸税関

古くは『日本書紀』に「務古水門」という名で記される港が神戸と推定される。奈良時代には僧侶の行基が大輪田《おおわだ》泊を築き、平安末には平清盛が大修築したうえ、近くの福原に遷都した。そう、京阪神三都はそれぞれ日本の「首都」だった歴史を有するのである。中世以降は兵庫湊・兵庫津《ごのつ》として栄えた。日本の二大貿易港は神戸と横浜であるが、アーチに施された石彫の鷲。当初は鳩になる予定であった。その歴史は神戸のほうが格段に古い。

とはいえ、両港都は双子といっていいほど似ている面も多い。幕末開港時、異人と日本人の接触を最小限に抑えるため、それまでの中心市街だった兵庫津、神奈川宿から離れた寒村の神戸村、横浜村が開港場とされた。兵庫、神奈川が広域地名の「県」となるのはのちのこと。両市に県と同名の区があるのはそのためである。

左上：正面玄関内ロトンダを中庭側から見る。　左下：正面玄関風除室。ロトンダの円形に沿って弧を描いている。
右上：1世紀近い時を刻み続ける時計台の大時計は、四面に設置されている。　右下：正面玄関上に直接刻まれた正字体・右書きの銘。

また、神戸は日本におけるゴルフや映画発祥の地であるが、両市には「日本初」がやたら多い。ただし神戸は欧州航路が中心、横浜はアメリカ航路が主だったので、それが雰囲気の違いに現れてもいる。神戸のジャズはマルセイユから上海を経たコンチネンタルだが、横浜のそれはアメリカからである。

飛行機時代になってまだやっと半世紀、それまでは港こそが国の表玄関であった。いまでこそ輸入菓子などどこでも買えるが、１９７０年代までは大阪や東京でも入手は大変で、神戸や横浜の「舶来雑貨店」でようやく買えたのだ。キットカットなど、珍しい外国土産だった。

したがって、税関庁舎は国家の威信をかけて建てられた。１９２７（昭和2）年に神戸税関二代目本庁舎が竣工した際には、「帝國の大玄關番たる税關として決して恥ずかしからぬ近代式大廳舎」と称されたほどなのである。
　その二代目庁舎は阪神・淡路大震災で被災したが、ほぼそのまま活かして1998年に改築された。その凝り方はすさまじく、旧別館を取り壊して高層の新庁舎を建てたあと、全体の外観を再構築した。それによって、神戸港のシンボルである時計台を含む二代目庁舎は、内外観ともほぼ完全に保たれている。

上：ロトンダの床は美しいモザイク模様である。
下：敗戦後はご多分に漏れず進駐軍に接収されたが、そのころに米兵が描いたと思しき壁画が残る。

左：「帝國の大玄關番」たる税関長が執務した旧税関長室。正面玄関真上である。　右：望楼内の廻廊からは神戸港も六甲山も一望である。

左：玄関ホールから二つの階段が上階へ通じている。　中：税関長室の装飾。　右：ロトンダの円筒はそのまま時計塔となる。螺旋階段内部には円筒形のエレベータがあったという。

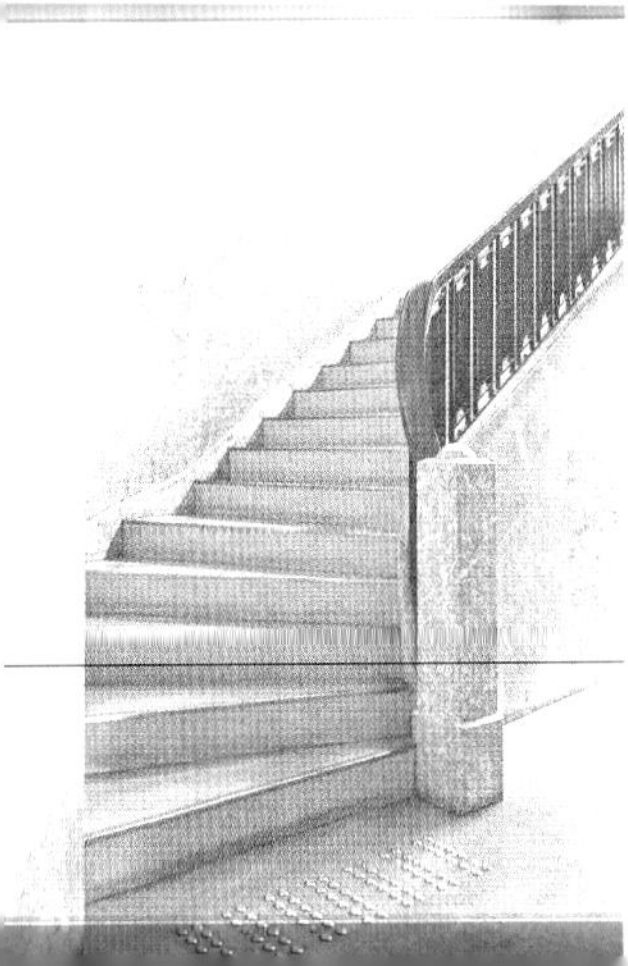

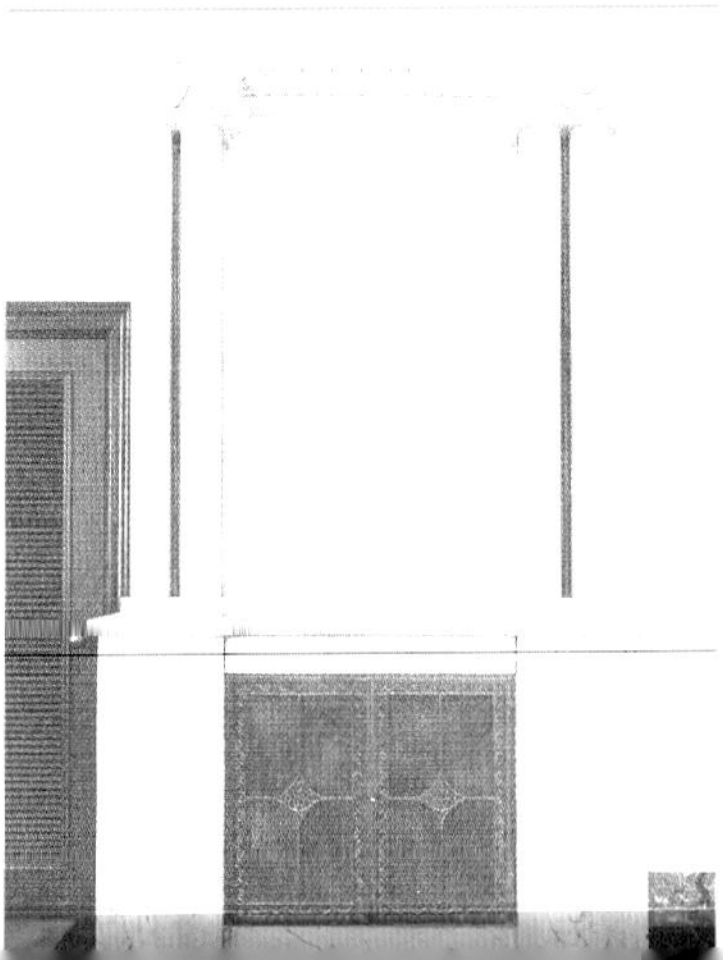

旧館一階に広報展示室があるので、平日なら誰でも入ることができる。また新館の食堂も利用可で、眼下に神戸港を見下ろしながら食事ができる。ふだんは非公開だが、進駐軍に接収されていたころに描かれたと思しき壁画が残り、まさに歴史の生き証人である。圧巻は正面玄関のロトンダ（円形ホール）で、息を呑む美しさ。欧州航路の豪華客船華やかなりしころに思いを馳せてもらいたい。

上：1927 年と 1998 年の継ぎ目。完璧で少し離れると見分けがつかない。右が新しい。　下：望楼より新館を見る。新館食堂は一般市民も使用でき、眺望が素晴らしい。

神戸税関

所在地：神戸市中央区新港町 12-1
竣工年：旧館／ 1927 年　新館／ 1999 年
設計者：旧館／大蔵省営繕課　新館／国土交通省近畿地方備局営繕部、日建設計
経済産業省認定近代化産業遺産

日本一短い国道 174 号線（187m）に面した東側ファサード。なにしろ「帝國の玄關」だから国道なのだ。

COLUMN: モダン楼閣建築

京都というのはおもしろい街である。意外に新しもの好きで、日本初の路面電車が通ったのは京都だし、京都五山の上とされる古刹・南禅寺《なんぜんじ》の境内に赤煉瓦《あかれんが》の疎水《そすい》・水路閣《すいろかく》を通したりもする。同志社があるゆえか、教会も多い。

そんな京都の都心では毎夏、鴨川右岸に沿って二条から五条まで「床《ゆか》」が出る。エアコンのない時代、川風で涼をとろうという古人の智慧だが、いまも風物詩として繁盛している。

その鴨川右岸、松原橋西詰北側に聳《そび》える五層の大楼が「モダン楼閣建築」の代表格、1870（明治3）年創業の料理旅館・鮒鶴《ふなつる》である。川魚業者だった田中鶴三郎が創業したので「鮒屋鶴三郎」、略して「鮒鶴」となった。「伊勢屋丹治呉服店」から「伊勢丹」と同じで、日本の屋号に非常に多いスタイルだ。

現在の建物は、木造四階の旧館と鉄骨造五層（四階は中三階扱いなのでエレベータなどでは五層目を四階と表記している）の新館からなるが、一体化していて見た目ではわからない。とくに鴨川側から見ると、木造の高楼は甚だ巨大で、新館三階には中央に唐破風《からはふ》がかけられていることもあり、宮崎駿監督の傑作『千と千尋の神隠し』の舞台である「油屋」にそっくりである。内部には蛇腹《じゃばら》扉のエレベータが現役で動いている。しかも、「中三階」はエレベータも停止するのにインジケータに表示がなく、階段からの入り口も隠し扉になっている。もともとは住み込み従業員用のスペースだったというから、ますますジブリっぽい。また、正面である西側ファサードには一部スクラッチタイルが貼られてライト式（帝国ホテル竣工以降、昭和戦前にかけて流行ったフランク・ロイド・ライト風の意匠とそれによる建物）に仕上げられ、洋風意匠を取り込んでいる。

一時、東京資本が入りウェディングレストランとなっていたが、無断で貴重な建物を改造するなどにより撤退（いけずな京都人は東京や大阪の資本を「外資」と呼ぶことがある）。現在の運営会社は大阪の会社で、「鮒鶴」の屋号に戻してフレンチレストランとして営業している。

旧玄関、現玄関の巨大な沓《くつ》脱石をはじめ、内部も豪奢な部材がふんだんに用いられ、エレベータホールの天井には網代があしらわれるなど、数寄《すき》を凝らした造りである。地下にはアール・デコ様式のダンスホールがあったという。当時最新鋭の自動式エレベータは、籠扉も外扉も蛇腹式であるうえ、インジケータも半円針式というレトロ感満載のもの。伝統を重んじつつも柔軟に新しいものを取り入れるという、京都の気風を体現する建物といえよう。

鴨川を五條まで下がった暖簾分けの「鶴清」もまた、木造三階で和洋折衷の名建築である。大阪の浴場「源ヶ橋温泉」（閉業）や飛田新地の「鯛よし百番」、百段階段で知られる東京の「目黒雅叙園」や群馬・四万温泉「積善館」など、モダン楼閣も間違いなく、この時代を特徴づける建築群といえよう。

松原橋から鴨川に面する東側ファサードを見る。湯婆婆《ゆばあば》が出てきそう。

「鮒鶴」の名を刻む鬼瓦。

鮒鶴

所在地：京都市下京区
木屋町通松原上ル
美濃屋町 180
竣工年：旧館（木造）/1927年頃
新館（鉄骨造）/1932年
設計者：不詳
国登録有形文化財

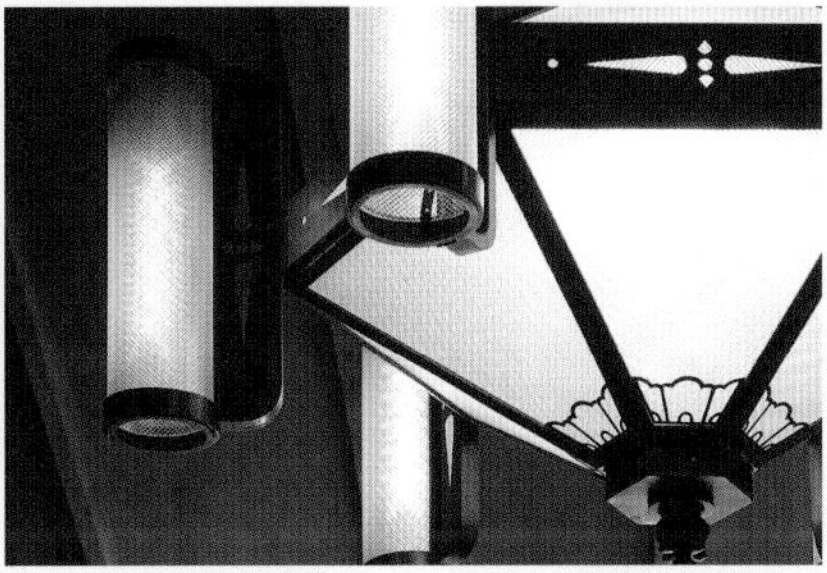

左：塔屋は唐破風の上に山鉾を載せたような形。内部はエレベータ機械室である。　右：至るところに数奇屋風シャンデリアが使われている。

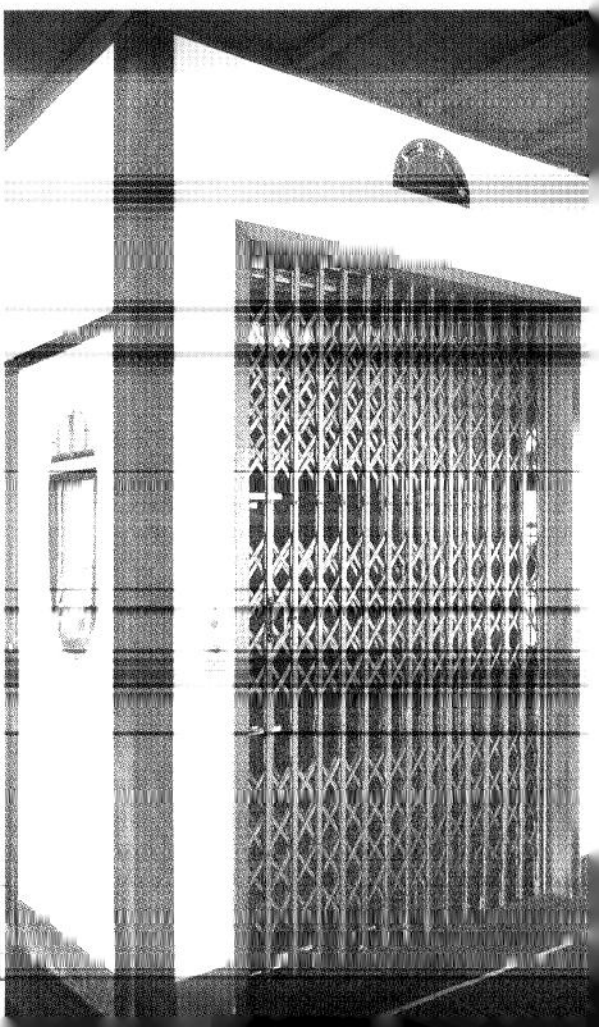

左：ライト式に仕上げられた西側ファサードの洋館部分。　中：和と洋が見事に融合している階段室。　右：創建当時より大切に受け継がれている蛇腹扉と針式インジケータのエレベータ。江戸川乱歩が密室トリックに使ったものと同タイプである。

外観リノベーション

旧東京市深川食堂

現・深川東京モダン館

創建時の姿を伝える人造石研ぎ出し仕上げ（人研ぎ）の階段。

美しい陸屋根の外観。

旧愛国貯金銀行

現・井池繊維会館

歴史的財産を現代にいかに伝え、
残すのか。その試みの一つとしての姿が
ここにある。

サイディング材に覆われていなかった側面にのみ残る、ゼツェシオン調の装飾。

角地に建つので、南と西が正面になるファサード。電線地中化が望まれる。

旧東京市深川食堂

現・深川東京モダン館

東京・深川に残る旧東京市深川食堂（現・深川東京モダン館）は、泰《たい》明《めい》小学校の項でも触れた復興事業の一環として、東京市が都内数カ所に建設した食堂の一つ。関東大震災で被災した人々に、「低廉ニシテ栄養ニ富メル簡易食ヲ供給」すべく造られた公共食堂だった。

1932（昭和7）年に開店後ほどなくして閉鎖。その後「東京市深川栄養食配給所」として再開し、いくつか名称を変えるなか、太平洋戦争で被災。戦後は職安や内職補導所として使用されてきた。2008年に国登録有形文化財となり、翌年、深川東京モダン館として開館し、江東区の文化と観光の拠点として活用されている。

二度の改装を経ているが、基本的な躯体は創建当時と変わっていない。

踊り場から2階へ通じる大階段。この部分もほぼオリジナルに近い形で現存。

玄関から2階へ通じる踊り場。床から吹き抜けのバランスまで、ほぼオリジナルの姿で残っている。

直線で構成された広い窓や階段踊り場の吹き抜けなど、ドイツの建築家ヴァルター・グロピウスが提唱したインターナショナル・スタイル（国際様式）の思想が大きく反映されている。

グロピウスが初代校長を務めたドイツのデザイン学校・バウハウスは、工業化社会に対応するデザインを確立した、モダニズムの原点といえる教育機関。その思想は、これまでいくどか触れてきたドイツ表現主義の個人的で叙情的な考え方を否定し、合理的で秩序ある国際的なデザインを創造することだった。

深川東京モダン館は、そんなバウハウスの遺伝子を明快な形でいまに伝える建物として、とても貴重なものといえる。

（この項・黒沢）

再現ではあるものの、創建当時と同じ市松模様のロビーの床。

現在は事務所として使われている、かつての厨房跡。

オリジナルではないが、2階食堂にはバウハウスと同じ思想のデ・ステイル風の装飾がある。

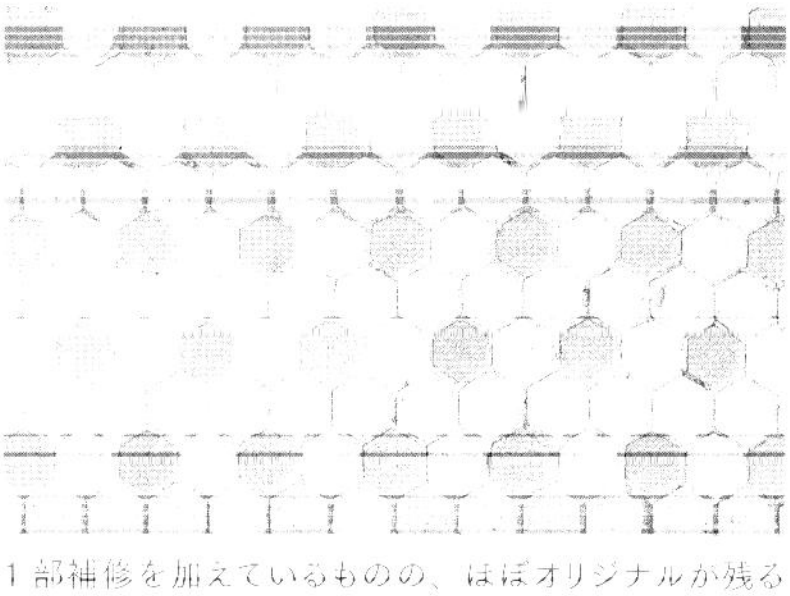

1部補修を加えているものの、ほぼオリジナルが残る玄関のタイル床。

旧東京市深川食堂

現・深川東京モダン館

所在地：東京都江東区
門前仲町1-19-15
竣工年：1932年
設計者：東京市建築課
国登録有形文化財

大阪は古代に数度都《みやこ》となった、歴史の古い都市である。玉造《たまつくり》、百済《くだら》など古代にさかのぼる地名も少なくない。また、豊臣時代以来の地名も多数現存する。「丼池《どぶいけ》」は1874（明治7）年に埋められた芦間池《あしまいけ》の別称に由来するので、比較的新しい。心斎橋筋の一本東の筋である。しかし、50代以上の関西人には特別な響きを持っている。船場のなかでもとくに繊維問屋が集中し、戦後復興期の大阪を支えた心臓部だったのだ。

花登筺《はなとこばこ》の「商魂物・根性物」の舞台としてよく登場し、いわゆる「浪花の商人《あきんど》」のイメージの元となった。山崎豊子の『白い巨塔』では、主人公・財前教授の誤診により主人が死亡して裁判を争うことになる佐々木商店の所在地も丼池である。私には財津一郎氏が主演した1977（昭和52）

旧愛国貯金銀行

現・丼池繊維会館

側面にのみ装飾が残る。サイディング材に覆われていた部分は削られているのがわかる。

角に面して一段セットバックしたアールをとっている、特徴的なファサード。

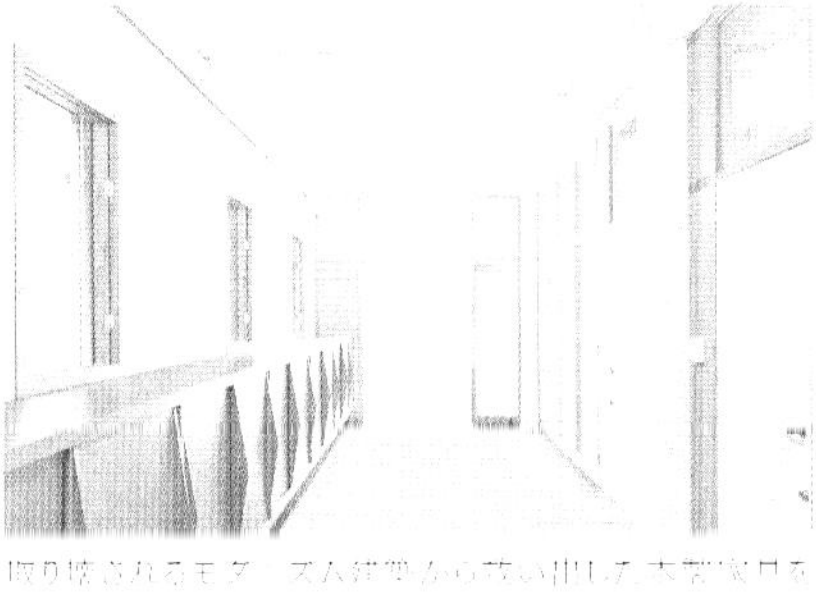

年のＮＨＫドラマ『丼池太閤記』のイメージが強烈に残っている。

　そんな丼池に１９２２（大正11）年、愛国貯蓄銀行として建てられたのが、この建物である。わが国に西洋建築が入ってきたのは幕末から明治初期、コロニアル様式と呼ばれるものだ。神戸の異人館がそれである。その後、ジョサイア・コンドルが招聘《しょうへい》されて工部大学校造家《ぞうか》学科教授に就任。以降、とくに銀行は新奇さよりも重厚さを重視し、ほとんどネオ・ルネサンス様式（古典主義建築）が採用され、日本の「近代建築」の時代が終焉する第二次大戦前まで続いた。

　そのなかでこのビルは、明らかに異色である。まだ昭和にも入らない１９２２年に、当時の最新の潮流を大胆に取り入れている。もちろん、いまの目で見ればレトロだが、イオニア式やコリント式の列柱を持たず、装飾も少なく、薄く、また幾何学化されている。モダニズム、なかでもゼツェシオン（分離派）の影響が顕著に見られるのだ。当時の大阪商人が進取の気性に富んでいたか、建築家が突っ走ったのか、いまとなっては永遠の謎である。

　その後、このビルは町衆の共有となった。「地域サロンや福利厚生施設として利用されるなど、大阪市民の自立の象徴」だったという。その町衆たちが２０１６年、丼池繊維会館の再生を実現した。経年劣化のうえ、１９９７年に銅製サイディング材でファサード全体が覆われてしまっていたのを剥がし、当初の外観を取り戻しつつ、その後の変化もあえて残し、現代的な意匠を加えたのだ。木製の窓枠を採用するなど、遊び心も随所に。

　イベントや展示ができるスペースや、塔屋には本格的なキッチンもある。今後の展開が楽しみな、新たなカルチャーの発信拠点が誕生した。

旧愛国貯金銀行

現・丼池繊維会館

所在地：大阪市中央区久太郎町3-1-16
竣工年：1922年
リノベーション：2016年
設計者：不詳
リノベーション：高岡伸一

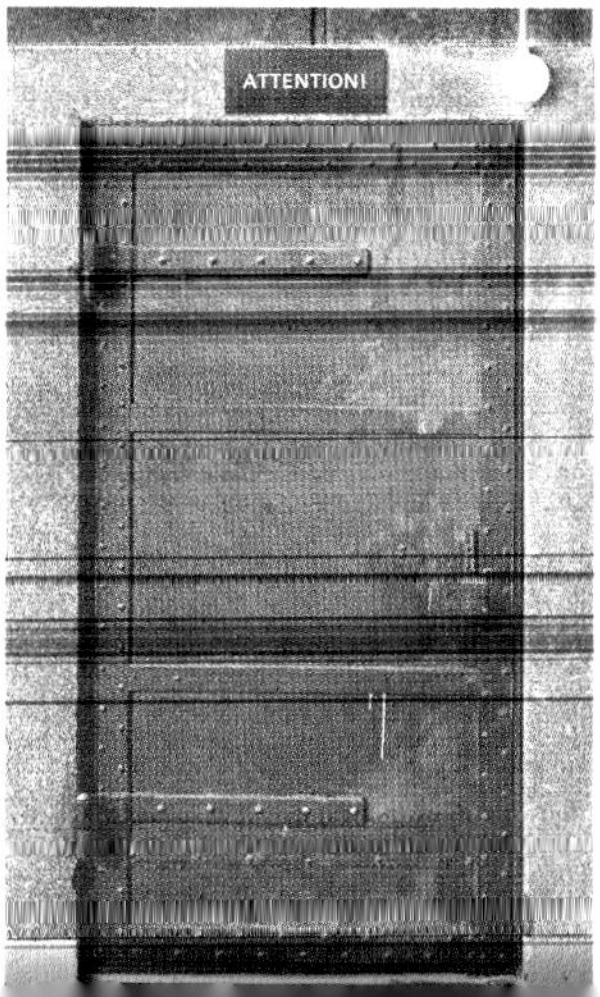

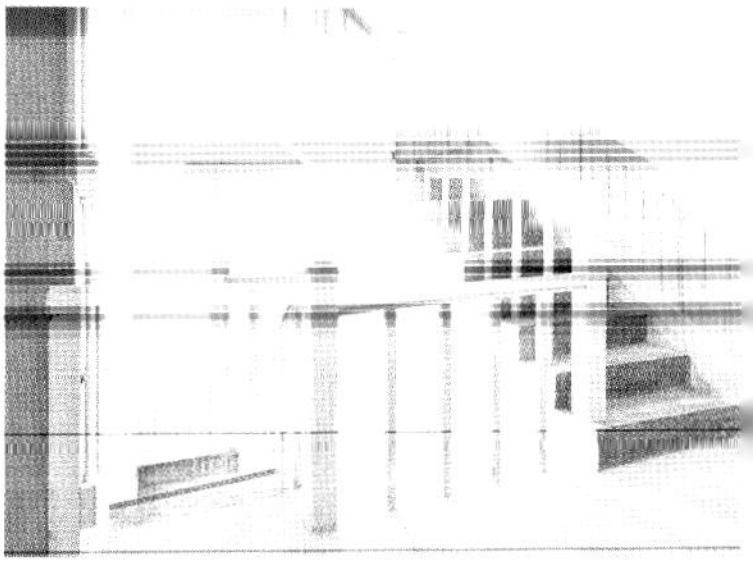

左：屋上は建て増しの小屋が活かされて、素敵なキッチンとパーティスペースになっている。　右：創階段室は木造の意匠がそのまま残されている

タワー・オン・ザ・ベース

旧江戸橋倉庫ビル

現・日本橋ダイヤビルディング

東

旧大阪株式取引所市場館

現・大阪証券取引所ビル

遺産継承として、流行の
リノベーション・スタイル
「タワー・オン・ザ・ベース」にも注目！

左上：大きな弧を描く北東側の面。　左中：船荷を引き揚げるクレーンが設置されていた創建当時。　左下：建て替え前の旧・江戸橋倉庫ビル（左列の写真はいずれも三菱倉庫所蔵）　右：新旧が見事に融合した正面全景。

旧江戸橋倉庫ビル

現・日本橋ダイヤビルディング

近年、タワー・オン・ザ・ベースと呼ばれる建築が街に増殖している。いわば古い建物の上に高層ビルを載せたような外観のビルだ。

東京駅前のＪＰタワー（旧東京中央郵便局）や東銀座の歌舞伎座、神戸の海岸ビル（旧三井物産神戸支店）や次項で取り上げる大阪証券取引所ビルなど、往年のビルの外壁をそのまま活用したビルや、オリジナルの雰囲気を再現したビルの上に、カー

左上：外壁デザインが最も濃縮した玄関周り。　中上：日本橋川に面した国際様式を思わせるガラス張りの中央部分。　右上：アーチ型の荷揚用の鉄扉は神戸の三菱倉庫と同様の形。　左下：正面玄関２階部分の弧を描く出窓。シンプルながら秀逸なデザインといえる。　右下：旧棟の最上階だけ連続アーチ窓を並べるデザインは、前出の泰明小学校などと共通する。

テンウォールの高層ビルを載せたような印象だ。レトロな建物と高層ビルの外観は極端に異なり、一見古いビルの隣や奥に別の新しいビルが建っているようにすら見える。すなわち、新しい増築部分が、古いビルの視覚的効果をほとんど損ねていない。

昭和モダンの時代に行われたさまざまな試みは、やがてモダニズムという言葉のもと、機能的かつシンプルな形へと収斂し、街の建物から装飾が消えた時代が久しく続いた。やがてモダニズムが蔓延すると、合理的な考え方に人間性を取り戻すべく、ポストモダンという潮流が生まれる。ポストモダンは、モダンへのアンチテーゼであり、従来の思想の解体と再構築だった。まったく異なる要素が融合したタワー・オン・ザ・ベースの建物も、ポストモダンの時代を経たからこその賜物だろう。

そんななか、日本橋ダイヤビルディ

ングは、従来の建物と高層部分を調和させることに挑戦した試みだといえる。日本橋ダイヤビルディングは、トランクルームのパイオニアとして知られる三菱倉庫のオフィスビルで、同地にあった江戸橋倉庫ビルを2014年に建て替えたもの。建て替え工事は、旧社屋の外壁の約7割とそれに付随する躯体をそのまま保存して進められた。ビルの中央部は新築されているが、低層階はオリジナルに近い外観が再現されている。

目を引くのは、旧社屋時代からある掲揚塔だ。直線と曲線の絶妙な配置のなかに、障子格子を連想させる窓を埋め込んだ造りは、日本橋を見渡す船橋《せんきょう》のようでもあり、また周囲を照らす常夜灯のようにも見え、和と洋が見事に融合した傑作といえる。連続するアーチ窓やRの大きいカーブを描く壁面など、表現派のデザインが結実した外観は、何時間眺めていても飽きることがない。従業員の方々は、このビルで働けることをさぞ誇りに思っていることだろう。

（この項・黒沢）

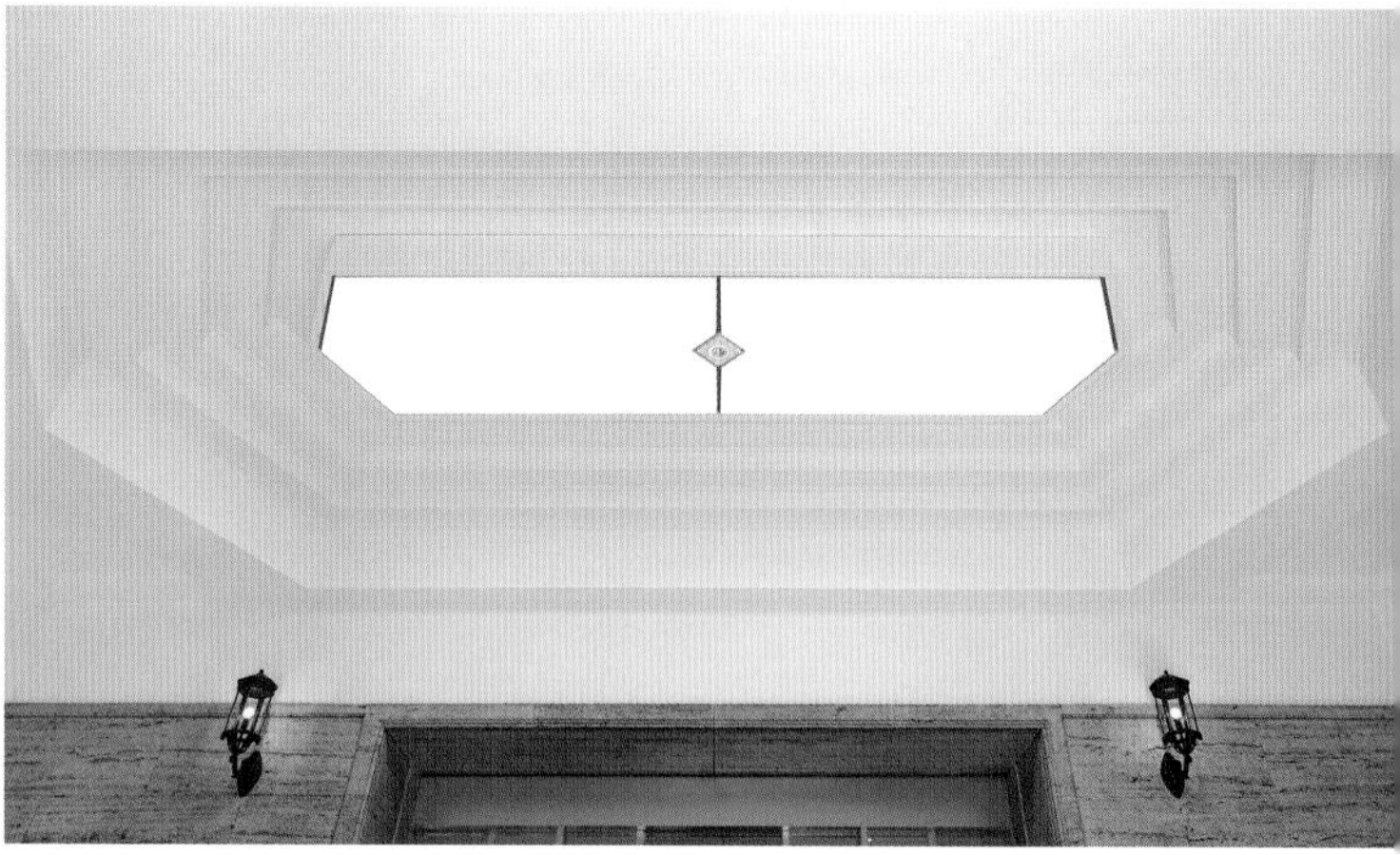

正面玄関の内部。内観としては創建当時の姿を留める数少ないエリア。

完全に復元された玄関部。大証は東証と合併し現物取引は廃止、先物に特化した「大阪取引所」となっている。

アール・デコ様式の美しい門燈は、リノベーション時に復元されたもの。

旧大阪株式取引所 市場館

現・大阪証券取引所ビル

創建当初の姿を見ても、正面に銅像が立った以外はほとんど変わらない。(『大阪証券取引所旧市場館 歴史調査報告書』より)

北浜は相場の街である。兜町と並ぶ繁栄を誇り、東の「シマ」に対して「ムラ」と呼ばれた。その歴史は古く、1730(享保15)年には堂島米会所《こめかいしょ》が開かれ、世界初の先物取引市場が始まっている。北浜には1743(寛保《かんぽう》3)年に金相場会所、1777(安永《あんえい》6)年に俵物会所が移転、取引が始まった。

1875(明治8)年に北浜の料亭「花外楼《かがいろう》」に大久保利通《おおくぼとしみち》、木戸孝允《たかよし》、板垣退助《いたがきたいすけ》らが集まり「大阪会議」が開かれた。1878年にはその仲介役・五代友厚《ともあつ》が金相場会所跡地に大阪株式取引所を設立。近代取引所の始まりである。以後順調に発展し1935(昭和10)年、長谷部竹腰建築事務所の設計で市場館を新築。同事務所は住友臨時工作部を源流とする名門で、その後、日建設計に発展する。

堺筋と土佐堀通の交叉する角地に円筒状のエントランスを設けたツン

ボリックな外観は、長く北浜のシンボルだった。

　この新古典主義からはのちにスターリン様式、第三帝国様式も派生する。モダニズムに至る直前、様式建築の掉尾《ちょうび》を飾るスタイル。ジャイアントオーダーはあるにはあるが角柱で、装飾的な要素はほとんどない。しかし、長大な縦長窓には繊細なアール・デコ様式のステンドグラスがあしらわれ、床は色違いの大理石を用いた美しい模様で飾られている。

　市場の電子化により１９９９年に立会場が廃止された。そして２００４年に現在の大阪証券取引所ビルに改築されたのだが、円筒状のエントランス、そして北側、西側の外壁が復元され、その外壁よりセットバックして高層棟が建てられた。一見では旧館の中庭に高層棟を建てたように見え、神戸地方裁判所や現・心斎橋大丸のような、旧建築の壁面の上

巨大なステンドグラスは生田徳次制作のエッチンググラスを、日本最初のステンドグラス作家・宇野澤辰雄の流れを汲む関西ステインド硝子製作所が組み上げた作品で、生田家二代目・生田哲氏が修復再生したもの。

に面一《つらいち》でガラス張りをつなげた醜悪な「申し訳のとってつけたような外壁保存」と比べると違和感が少ない。

　エッチンググラスを用いた希少なステンドグラスは、オリジナルを修復して使われている。また、失われていた華麗な門燈も復元され、内部の床も再現、エレベータ扉は当時物だ。

　ただ、正面に五代友厚像が建てられ、ファサード全景を撮影することができなくなった。しかもこの銅像、台座に「五代友厚公」と彫られている。江戸時代なら一万石の小大名でも「公」でいいが、明治の日本で「公」と呼ばれるのは公爵だけ。五代は士族で男爵にもなっていない。訂正してほしいと思っている。

　ライオンの橋を渡れば北濱のステンドグラスに燈の點《とも》る見ゆ

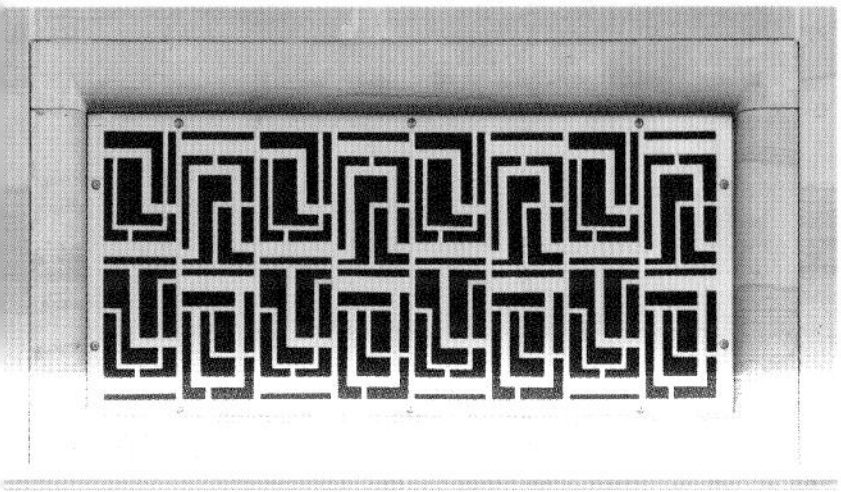

上：エレベータの扉はオリジナルを再利用している。　右：空調吹き出し口は凝ったデザインが施されることが多いが、大証のものもたいへん美しい。

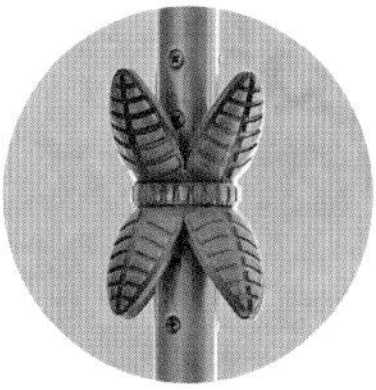

シャンデリアの提げ緒の継ぎ目に施された繊細な装飾。

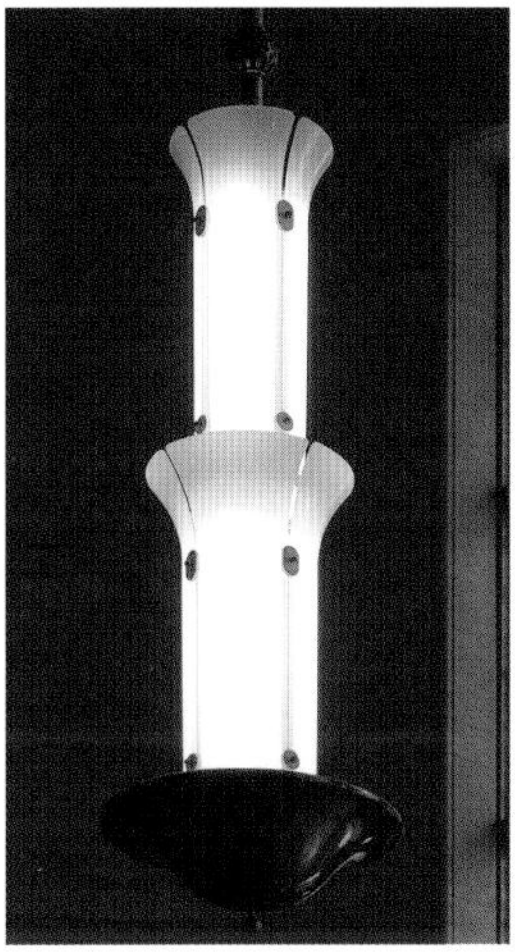

美しいアール・デコ様式のシャンデリアはオリジナル・デザインである。

旧大阪株式取引所市場館

現・大阪証券取引所ビル

所在地：大阪市中央区北浜1-8-16
竣工年：旧市場館／1935年
　　　　現大阪証券取引所ビル／2004年
設計者：長谷部竹腰建築事務所、三菱地所設計、
　　　　日建設計（JV）

エントランスの床全体を飾る色大理石も当初のものが残されている。

おわりに

明治維新とは文化の断絶でもあった。いま、われわれが受容している「日本の伝統」のかなりの部分が実は明治以降の産物である。近代に日本人の生活と社会構造は大きく変わった。それは日本独自のものではなく、世界の動向と絡み合う。近代とは交通と通信の発達によって、世界が「同時代」を共有し始めた時代なのだ。当初、世界を結ぶのは蒸気船で、通信は郵便と電信だった。それから１５０年、インターネットが地球をさらに狭くし、「グローバリゼーション」が善の如くいわれるが、そうなのか？

私は古い建物と歴史的景観を愛し、それを残し、活かしたいと思うのだが、日本にそれができるか？　上辺では国家主義的風潮が濃くなりつつあるなか、その実、「日本の文化」がこれほど蔑《ないがし》ろにされる時代はなかったのでは？　日本は古代より外来の文明文化を摂取し、ときに換骨奪胎《かんこつだったい》しつつ、自らのものとしてきた。それは、何もかも捨て去って新奇を取り入れることではなかったはずだ。

歌人として言葉には敏感であらざるをえないが、ここ30年ほどで関西語は消滅の危機にある。標準語ですらない関東訛りが関西語圏に流入した。関西語なら「すごい」は「すごい」であって、伸ばすなら「すごお」なのだが、40代以下では「すげえ」になってしまった。これは文化的衰退にほかならない。京、大阪、神戸をはじめ、関西圏内でも方言差は薄れ、「関西標準語」と化しつつある。関西ですら、である。言葉も文化も変移するものだが、それは画一化と同じではない。

結局は、自らの文化にアイデンティティを持てるか、愛着があるか、だろう。街並みが消えても方言が廃れても平気な人々が愛そうとする「国」とは何なのか？　あまりに空疎である。地に足の着いた生活をし、人が人として当たり前に生きられればと思うが、それがむずかしい社会では、文化は生まれないし、残らない。われわれはこれからどこへ行こうとするのだろう？

標本の罎《びん》　蜘蛛の絲《いと》　午後の陽の差し込まぬ窓　猫《ねこ》の鳴く聲《こゑ》
始まりと終はりの間《あはひ》　蔦絡む門柱の上黒《くろ》猫のこゑ
取り壊し待つばかりなる病棟の木の窓枠に歪める硝子《ガラス》
ゆふぐれのローカル線の制服の少年少女みな眠りをり
をちこちに化石秘めつつ九十年心齋橋を彩りたるに

土佐堀を睥睨《へいげい》したるガーゴイル石の柱のひんやりとして
モボ・モガの息吹傳《つた》ふるデパートの古き圖面《ずめん》に人ら寄りくる
雨降りて瓦斯《ガス》の燈滲《ひにじ》む居留地に仕立て上りしシャツを受け取る

北夙川不可止

ニューヨークにある1930年竣工のクライスラービルは、アメリカン・アール・デコの傑作であると同時に、現在でもニューヨークを、ひいてはアメリカを象徴する光景の一つとして取り上げられる。では、日本国内の昭和モダン建築で、現在でも日本を象徴する建物と誰もが思うものがあるかというと、残念ながら答えはノーである。それは、戦後から現代の建物に関しても共通していえるのではないだろうか。

しかし、書籍化にあたっての取材で改めて印象に残ったのは、多くの建物が洋風な体裁の中に、ふんだんに和のテイストを取り入れていることだった。「和洋折衷」の項目タイトル通り、洋風と和風を見事に融合した神奈川県庁本庁舎と先斗町歌舞練場をはじめ、明倫《めいりん》小学校の格天井《ごうてんじょう》、日本橋髙島屋の釘隠しや肘木《ひじき》装飾、そして朝香宮邸の和柄文様をあしらったラジエター・グリルや甲子園ホテルの五重塔を連想する双塔など、日本の伝統的な意匠が至るところに鏤められていた。大戦間という国威発揚の時代背景が大きくかかわっていたとはいえ、そこには、日本独自のスタイルを創り上げようとした明確な意志を感じ取ることができる。

いま、グローバル化が進むなかで、その弊害といわれる均質化を回避し、文化特性を守ろうとする動きが世界各国で起きているという。たしかにグローバルと個別の文化はパラドックスのようにも思えるが、建築に限らず、優れた創作物はつねに時代性や普遍性と同時に独自性を持ち合わせているものだ。国際的なスタイルのなかに日本固有の文化を反映させようとした昭和モダン建築に、いま学ぶべきことはとても多いのかもしれない。100年経っても、世界の誰もがランドマークと認める日本独自の建築を見てみたいものだ。

最後に、取材にご協力いただいたすべての建物の関係者各位、編集、デザインおよび販売にかかわっていただいた方々にお礼申し上げる。20年代に愛を込めて。

黒沢永紀

PROFILE

北夙川不可止（きたしゅくがわ・ふかし）

1964年兵庫県西宮市生まれ。同志社大学神学部中退。歌人（「玲瓏」所属）・コラムニスト。二十代より近代建築と景観の保存活用に取り組み「朝日ジャーナル」等で執筆開始。アート・ディレクターとして古楽コンサート、心斎橋大丸原図展などを手掛け、自らも様々なアーティストとコラボ、インスタレーションを行う。著書に歌集『ぬばたま』（エディション・エフ）、共著に「性の用語集」（講談社現代新書）、「産業遺産の記録」（三才ブックス）など。どこに行っても「伯爵」の渾名で親しまれている。2022年より奈良市の大地主の屋敷『水輪書屋』に移住予定。

黒沢永紀（くろさわ・ひさき）

1961年東京都新宿区生まれ。早稲田大学文学部卒業。著述家・音楽家・軍艦島伝道師・映像制作ユニットオープロジェクト所属。音楽家として社会人デビュー。2000年ごろから軍艦島を取材し、その成果を多数の著作で発表する。オープロジェクトでは廃線や廃道などの産業遺産を映像作品化。街を景観や歴史とともに社会学的な観点で語るのを得意とする。著書『東京時層探検』（書肆侃侃房）、『軍艦島全景』（三才ブックス）、『軍艦島入門』（実業之日本社）、『軍艦島 奇跡の海上都市完全一周』（宝島社）、DVD『軍艦島』三部作や『廃道』三部作（いずれも日活）など多数。

※本書は『東西名品 昭和モダン建築案内』（2017年、洋泉社刊）を新装版として復刊

KanKanTrip Japan 10

新装版 東西名品 昭和モダン建築案内

2021年10月6日　第1版第1刷発行

文　北夙川不可止・黒沢永紀
写真　黒沢永紀
発行者　田島安江
発行所　株式会社 書肆侃侃房（しょしかんかんぼう）
〒810-0041 福岡市中央区大名2-8-18-501
TEL 092-735-2802 FAX 092-735-2792
http://www.kankanbou.com info@kankanbou.com

デザイン　[illegible]
編集　池田雪（書肆侃侃房）
印刷・製本　シナノ書籍印刷株式会社

日本音楽著作権協会（出）許諾第2105078-101号

ISBN978-4-86385-485-7 C0026